Michael Markolwitz

Köln
Auf den zweiten Blick

Der besondere Stadtführer zu den verborgenen Schätzen

Bildnachweis

Seite 31: Hohe Domkirche Köln, Dombauhütte, Bruno P. Kremer.
Seite 56 u.: Rheinisches Fotoarchiv rba_077539.
Alle anderen Fotos: Michael Markolwitz.

Für Siegi, Jenny, Rainer, Andreas – und für mich

Bibliografische Information der Deutschen Nationalbibliothek
Die Deutsche Nationalbibliothek verzeichnet diese Publikation in der Deutschen Nationalbibliografie; detaillierte bibliografische Daten sind im Internet über http://portal.dnb.de abrufbar.

Impressum

1. Auflage Juli 2021
Satz und Gestaltung: Peter Stockhausen
Umschlagfotos: Michael Markolwitz
Druck und Bindung: AALEXX Druck Produktion,
Thönser Str. 5a, 30938 Großburgwedel

ISBN 978-3-8375-2355-3

KLARTEXT

Jakob Funke Medien Beteiligungs GmbH & Co. KG
Jakob-Funke-Platz 1, 45127 Essen
info.klartext@funkemedien.de
www.klartext-verlag.de

INHALT

Bevor es losgeht

Das Bild gegenüber birgt eine kleine Überraschung für Sie: Auf den ersten Blick ist dort der weltberühmte Kölner Dom zu sehen, bei genauem Hinsehen können Sie jedoch genau zwischen den Türmen einen der mittlerweile in Köln heimischen Halsbandsittiche erkennen. Mancher Kuriosität und mancher interessanten Geschichte geht es ähnlich – sie wird einfach übersehen oder erschließt sich dem Betrachter erst auf den zweiten Blick. Dabei sind sie es wert, beachtet, gewürdigt und in den Fokus gerückt zu werden. Diesen versteckten Schätzen Kölns möchte ich mit dem vorliegenden Buch ein Forum bieten.

Ich bin Stadtführer in Köln, und so wie meine Mitstreiter verstehe ich mich als Kulturbotschafter, der den Besuchern die Geschichte der Stadt, ihre Besonderheiten und die Mentalität ihrer Bewohner näherbringen will. Dazu zählen auch die kleinen Geheimnisse der Rheinmetropole, die oft Erstaunen hervorrufen und zu Kommentaren wie „Da bin ich schon hundert Mal dran vorbeigelaufen, aber jetzt, wo Sie es sagen ..." oder, auf gut kölsch, „Dat han ich all nit jewoß" führen.

Ich wünsche Ihnen gute Unterhaltung bei der Lektüre dieses Buches, gepaart mit der Hoffnung, dass Sie ab jetzt mit geschärfterem Blick durch Köln gehen. Besuchen Sie einmal die hier beschriebenen Kleinode, zumal viele von ihnen von engagierten ehrenamtlichen Mitarbeitern betreut werden. Und wenn sich unsere Wege eines Tages, gern bei einer Führung in Köln, kreuzen sollten, würde mich das natürlich auch sehr freuen.

K 7
B 59
Am Butzw
Geyen
Mengenich
K 6
Köln-Bocklemünd
102
Bocklemünd
thern
Bonnstraße
25
Rhein-Erft-Kreis
Widdersdorf
A 1
L 34
Landschaftspark
Belvedere
Brauweiler
L 213
Vogelsang
L 183
Köln
Bonnstraße
Lövenich
26
Müngersdorf
L 361
Weiden
Lövenich
103
Junkersdorf
Stadtwaldviertel
Köln-West
10
Marsdorf
24
A 4
Köln
Rhein-Erft-Kreis
elsdorf
L 92
Stotzheim
K 2
Alstädten-Burbach
15
Köln Hansaring
Eigelstein
Kunibertsviertel
B 51
Hansaring
Kyotostraße
Ursulaviertel
Tanzbrunnen
Rhein
12
Köln Hauptbahnhof
Hohenzollernbrücke
3
4
14a
1
2
6
5
14c
8
17d
10
7
14b
9
16
Deutzer Brücke
Deutz
Hahnenstraße
Kapitolviertel
L 82
Cäcilienviertel
17b
Mauritiusviertel
13
17a
Georgsviertel
Severinsbrücke
B 55
18
17c
11
B 51
Pantaleonsviertel
Severinsviertel
19
B 9
Volksgarten

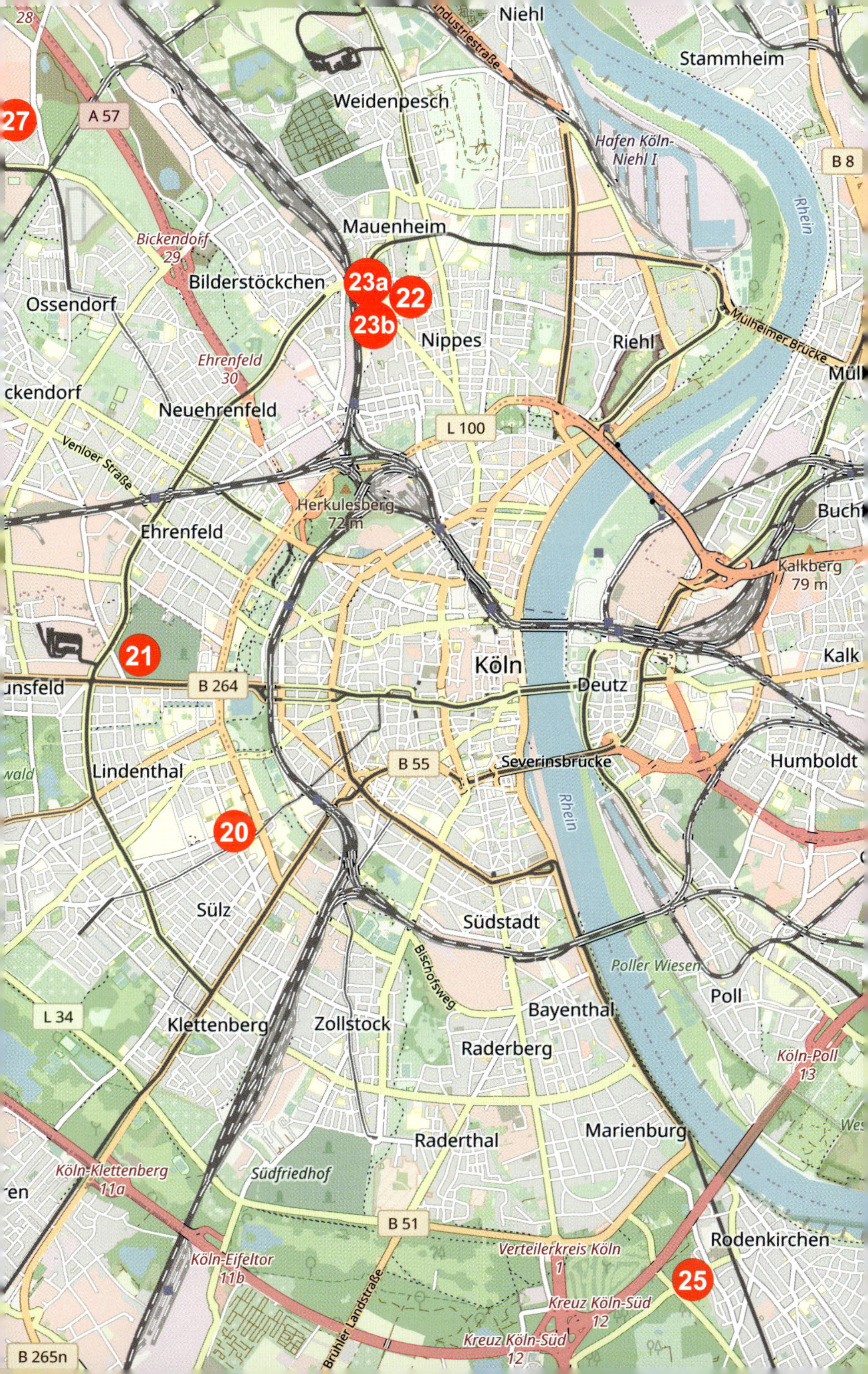

Niehl
Stammheim
Industriestraße
Weidenpesch
A 57
27
28
Hafen Köln-Niehl I
B 8
Rhein
Mauenheim
Bickendorf 29
Bilderstöckchen
23a
22
23b
Ossendorf
Nippes
Riehl
Mülheimer Brücke
Ehrenfeld 30
ckendorf
Neuehrenfeld
L 100
Venloer Straße
Herkulesberg 72 m
Buch
Ehrenfeld
Kalkberg 79 m
21
Köln
Kalk
unsfeld
B 264
Deutz
B 55
Severinsbrücke
Humboldt
Lindenthal
20
Rhein
Sülz
Südstadt
Bischofsweg
Poller Wiesen
Poll
L 34
Klettenberg
Zollstock
Bayenthal
Raderberg
Köln-Poll 13
Raderthal
Marienburg
Köln-Klettenberg 11a
Südfriedhof
B 51
Rodenkirchen
Verteilerkreis Köln 1
Köln-Eifeltor 11b
25
Kreuz Köln-Süd 12
Kreuz Köln-Süd 12
Brühler Landstraße
B 265n

01 | KÖLNER DOM
DER SPIEGEL DES STUDENTEN

Zeitsprung in das Jahr 1948: Dieses Jahr hatte in der Geschichte des Kölner Doms einen besonderen Stellenwert, denn 700 Jahre zuvor war der Grundstein von Erzbischof Konrad von Hochstaden gelegt worden. Das Domkapitel nahm dieses Jubiläum zum Anlass, neue Türen für das Südportal anfertigen zu lassen und beauftragte den renommierten Düsseldorfer Kunstprofessor Ewald Mataré mit der Ausführung. Die Umsetzung des Projektes stellte sowohl künstlerisch als auch logistisch eine große Herausforderung dar. Denn es herrschte Materialmangel, und der Zeitrahmen bis zum Beginn der Festwoche am 16. August 1948 war knapp gesteckt.

Ewald Mataré machte das Beste aus dieser schwierigen Situation: Für die Türflügel ließ er die Vorgänger einschmelzen und in neue Formen gießen. Ein gelungenes Recycling, denn die Türen haben bis heute nichts von ihrer künstlerischen Ausdruckskraft verloren.

Jetzt sah der Entwurf für die Türen vor, dass sie mit **farbigen Mosaiken** versehen werden sollten. Für diese zeitaufwendige Kleinarbeit holte sich der Professor Verstärkung aus den Reihen seiner Studierenden. Und wer war darunter? **Joseph Beuys** – später selbst Hochschullehrer und einer der bekanntesten Künstler seiner Zeit (siehe auch „Drei Linden statt 7.000 Eichen"). Zu diesem Zeitpunkt hatte Beuys bereits den Status eines Meisterschülers inne. Bei der Gestaltung des Südportals tat er sich aber zunächst als Organisationstalent hervor. Ihm gelang es, die Teilchen für die Mosaiken zu besorgen – oder besser und im Geist der damaligen Zeit gesagt: zu **„fringsen".**

Die Türen des Südportals mit den farbigen Mosaiken

Die „Bischofstür", die linke der beiden Türen zeigt das bischöfliche Wappen.

Eselsbrücke für die Jahreszahl der Grundsteinlegung des Kölner Doms:

Anfangen mit einer 1

x 2 = 2

x 2 = 4

x 2 = 8

Lösung: 1248

Dieser Begriff, der heute noch in Köln geläufig ist, geht auf den 1948 amtierenden Erzbischof Josef Kardinal Frings zurück. Er hatte in seiner Silvesteransprache 1946 den Menschen in der schwierigen Zeit nach dem Krieg erlaubt, sich das zu nehmen, was zur Erhaltung ihres Lebens und ihrer Gesundheit notwendig war, wenn es nicht durch Arbeiten und Bitten erlangt werden konnte. Anders gesagt: Er hatte das siebte Gebot („Du sollst nicht stehlen") uminterpretiert, damit den Bewohnern der Trümmerwüste ein Überleben ohne Sünde möglich war. Sie dankten es ihm mit der Verbalisierung seines Namens. Die einen haben dann – um ein Beispiel zu nennen – die Bahnwaggons geentert, um Klütten, wie die Briketts in Köln heißen, zu besorgen, ein anderer organisierte eben seine Mosaiksteinchen. Beuys war bei seiner Suche nämlich in Meerbusch fündig geworden: das Schwimmbad einer Villa, die im Krieg zerstört worden war, lieferte ihm das begehrte Rohmaterial.

Beuys hätte sich nun bei der Verarbeitung seiner Fundstücke an die Vorgaben seines Professors halten können, aber schon damals blitzten sein Talent und seine Eigenwilligkeit auf. Geplant waren unter anderem **ein Hahn (als Symbol für die Wachsamkeit), ein Pelikan (der sich mit seinem Blut für die eigenen Jungen aufopfert)** sowie die Wappen von Papst Pius XII. und Erzbischof Josef Kardinal Frings.

Die linke der beiden Türen, die „Bischofstür", war dem Kölner Amtsinhaber gewidmet. Beim Setzen der (gefringsten!) Steine für das bischöfliche Wappen hatte Joseph Beuys nach eigener Aussage die Eingebung, „dass da etwas rein müsste, was Licht wirft". In das schwarze Kreuz auf weißem Grund, Symbol für das Erzstift und Kurfürstentum Köln, hat er daher genau in der Schnittstelle der beiden Balken, seinen Rasierspiegel eingebaut, allerdings nicht ohne vorher das Einverständnis Ewald Matarès einzuholen.

Bronzetürmotive Hahn und Pelikan als Mosaike von Joseph Beuys

Mosaik mit dem Wappen von Papst Pius XII.

Für Kunstwerke von Joseph Beuys sollten später horrende Summen gezahlt werden, als Student musste er sich noch mit kleineren Beträgen zufriedengeben. „Für Mosaiksetzen" hat er 1948 den Erhalt von DM 49,70 quittiert.

Es gibt noch eine weitere, weitgehend unbekannte Verbindung von Joseph Beuys zu Köln.

Als Künstler ist u. a. dadurch bekannt geworden, dass er für seine Kunstwerke ungewöhnliche Materialien wie Fett und Filz, manchmal auch Bienenwachs, einsetzte. Der Lieferant für Letztgenanntes stammt aus Köln, handelt es sich doch um die heute noch existierende Firma „Honig Müngersdorff" gleich neben dem Kaufhof in der Innenstadt.

Heute werden Sie den Spiegel vergeblich suchen, denn leider hat sich der Spruch: „Gut gedacht, schlecht gemacht!" nach kurzer Zeit bewahrheitet. Schieben wir es nicht auf die handwerklichen Fähigkeiten von Joseph Beuys, sondern auf die schlechte Qualität des verwendeten Zements: der Spiegel fiel heraus und wurde diskret durch ein schwarzes Steinchen ersetzt. „Diskret" solange, bis der Künstler anlässlich einer Ausstellung im Jahr 1980 für öffentliche Aufklärung sorgte. Eine Fotoreproduktion der Bischofstür versah er mit dem handschriftlichen Vermerk: „Mein Rasierspiegel fehlt!"

Wenn Sie das nächste Mal an der Südseite des Kölner Doms sind, schauen Sie sich die Türen des Südportals mit den Mosaiken von Joseph Beuys einmal in Ruhe an. Allerdings: Sie müssen etwas Abstand halten, da diese mittlerweile durch ein kunstvolles Eisengitter geschützt werden.

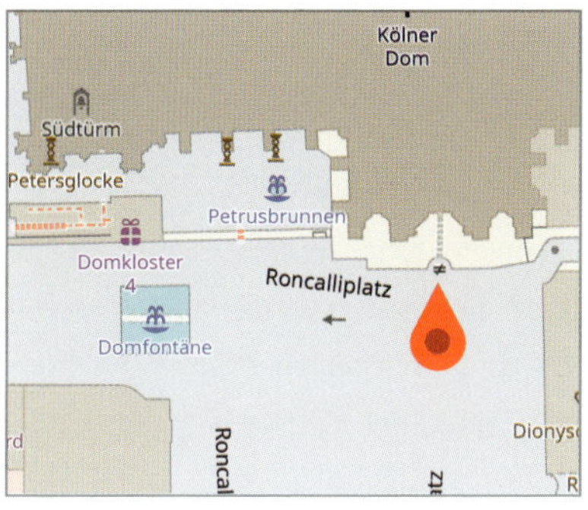

Kölner Dom
Domkloster 4
50667 Köln
(Südportal am Roncalliplatz)

02 | KÖLNER DOM
DAS MARKSTÜCK DES GENERALVIKARS

Verstecktes am Kölner Dom – zweiter Teil: Unser Standort ist immer noch das Südportal. Die Überschrift verrät, worum es geht. Und da von einem Markstück die Rede ist, können Sie zu Recht daraus schließen, dass sich die folgende Geschichte vor dem 01.01.2002 abgespielt hat. An diesem Tag wurde der Euro eingeführt, die Deutsche Mark war passé. Ein Exemplar der Nachkriegswährung ist aber an der Südseite des Kölner Doms versteckt; Sie erfahren gleich, wo Sie es finden können.

Werfen wir zunächst einen kurzen Blick in die Geschichte und in die jüngere Vergangenheit: Der Kölner Dom, das Gebäude, mit dem die Stadt am Rhein auf der ganzen Welt wie kein zweites identifiziert wird, hat im Lauf der Jahre eine ganze Reihe von Ereignissen er- und überlebt. Zu den Tiefpunkten gehören die zahllosen Bombenangriffe, besonders während des Zweiten Weltkriegs, die er schwer getroffen überstand. Aber mit der Symbolkraft seiner schlanken Türme, die aus der Trümmerwüste herausragten, gab er den Bewohnern Kölns Zuversicht für den eigenen Neuanfang. Auch Erdbeben wie das vom 13.04.1992, bei dem das deutsch-holländische Grenzgebiet erschüttert wurde, haben ihm nichts anhaben können.. Die Gefahr für ihn kommt heute schleichend daher. Nach wie vor sind es das Klima und die Umweltsituation in der Domstadt, die den kunstvoll bearbeiteten Steinen zusetzen. Beschädigt wird er aber auch von respektlosen und achtlosen Zeitgenossen, die sich der kirchlichen und historischen Bedeutung dieses Bauwerks nicht bewusst sind. Wie kann es sonst sein, dass Touristen ihre unsäglichen „Ich-war-hier"-Graffitis auf ewig in die alten

Hähne als Symbol für Treue und Wachsamkeit

Steine einritzen oder dass Stücke, die ohne jeden künstlerischen Wert sind, abgebrochen werden? Als Gipfel der Geschmacklosigkeit kann sicherlich gelten, dass die zahllosen Ecken und auch die Portale des gigantischen Gebäudes zur Verrichtung der offenbar dringenden Notdurft genutzt werden.

Von den Medien wurde dafür sogar ein eigener Begriff kreiert: das „Wildpinkeln". **Mittlerweile ist dies ein ernsthaftes Delikt, das bei Zuwiderhandlungen Geldstrafen von bis zu 100 € nach sich ziehen kann.** Nach Aussage der früheren Dombaumeisterin Barbara Schock-Werner entstehen durch urinbedingte Verschmutzungen und Schäden jährlich Kosten von durchschnittlich 60.000 €.

Martin Stankowski, Kölner Autor, Publizist und Geschichtenerzähler, wies im Januar 2020 in einem WDR-Beitrag aus der Reihe „Heimatflimmern" über den Kölner Dom auf eine andere, typisch kölsche und vergleichsweise harmlose Fehlnutzung des Kölner Dom hin. Wenn die Fahrgäste der Deutschen Bahn über die südliche „Domplatte" zum Hauptbahnhof wollten, mussten sie sich entscheiden, ob sie hierzu die Kathedrale „links eröm" oder „rächs eröm" umlaufen. Eigentlich, denn eine dritte Lösungsmöglichkeit für praktisch denkende Kölner lautete: „Jraaduss", also einmal quer durch den Dom, auf der anderen Seite wieder raus, schnell die Stufen runter und schon war der Reisende im Hauptbahnhof (was in der Gegenrichtung natürlich genauso funktionierte). Lächeln wir darüber, denn das passt prima in die Rubrik „kölsche Lebensart" und war eher lästig als schädlich.

Um dem Vandalismus und der unberechtigten Nutzung des Kölner Domes vorzubeugen beschloss das Domkapitel letztlich im Jahr 1996, eine erste Schutzzone am besonders gefährdeten Südportal einzurichten. Dem Problem wurde, im wahrsten Sinne des Wortes, ein Riegel vorgeschoben. Den Auftrag hierzu bekam der bekannte Wesselinger Kunstschmied und Metallbildhauer **Paul Nagel**, der sich der sakralen Kunst verschrieben hatte. Eine seiner bekanntesten anderen Arbeiten ist das Kreuz auf der Grabeskirche in Jerusalem. Die Einfassung des Südportals hat eine Länge von fast 60 Metern und ist damit das größte von ihm geschaffene Werk.

Schauen Sie einmal auf die liebevollen Details: Sie sehen an den Gittern kleine Blumensträuße, einige der Eisenstangen werden von Hähnen und Schlangen abgeschlossen. In der christlichen Symbolik steht der Hahn für Treue und Wachsamkeit, ist also positiv besetzt, während die Schlange im Gegensatz dazu für die Sünde und somit für das Schlechte in der Welt steht. Auf der linken

Das D-Mark-Stück von 1983

Seite steht ganz oben auf einer weiteren Stange ein kleiner goldfarbener Bischof in zurückweisender Haltung; vielleicht verwehrt er ja gerade den oben erwähnten Bahnfahrern mit einem herzlichen „Du kommst hier nicht rein!" den Zutritt zu seinem Haus.

Kommen wir jetzt zum Höhepunkt und lösen wir das Rätsel um die geheimnisvolle Münze. Dazu gehen Sie am Zaun entlang auf die rechte Seite, wenn Sie in Richtung Dom schauen. Auf der Innenseite entdecken Sie in etwa zwei Metern Höhe einen struppigen Vierbeiner. Er soll einen Wolf darstellen. Korrekter wäre es, ihn mit einem zweiten „F" zu schreiben, schließlich hängt er hier symbolisch für Arnold Wolff, der nach dem Krieg als Nachfolger von Willy Weyres die Dombauhütte führte. Scheinbar jagt er auf drei kirchlichen Würdenträgern nach, die den Abschluss der „Wolfsleiter" bilden. Einer ragt aus der Gruppe hervor, an seiner Hand klebt, wenn auch etwas schwierig zu erkennen, etwas rundes, silbrig Schimmerndes. **Bei entsprechender Vergrößerung wird sichtbar, dass dort ein D-Mark-Stück befestigt ist; auch das Jahr der Prägung (1983) ist noch erkennbar.** Folglich hat die hier dargestellte Person mit Geld zu tun und richtig: Der Lange in der Mitte stellt Norbert Feldhoff, den langjährigen und sehr populären Dompropst dar, der als Generalvikar zu Wolffs Zeiten auch für die Finanzen zuständig war. Aus der bildhaften Darstellung können wir schließen, dass die Verteilung der finanziellen Mittel ein dauerhaftes Thema zwischen diesen beiden Persönlichkeiten war.

Ein jüngerer Bruder von Paul Nagel, Wilhelm Nagel, war ebenfalls Kunstschmied. Als Absolvent der Werkschulen in Köln hat er an der Meisterschale des Deutschen Fussballbundes mitgewirkt und die Trophäe des DFB-Pokals geschaffen. Im Jahr 2002 wurde diese von Schalke-Manager Rudi Assauer bei einem Jubel-Korso schwer beschädigt. Wilhelm Nagel reparierte sein Meisterstück und schickte eine Rechnung von 34.000 € an den Kumpelverein. Freunde wurden Nagel und Assauer übrigens nie ...
Seit Anfang 2020 wird auch die Nordseite des Kölner Doms von einem Zaun geschützt. Die Planung wurde von Paul Nagel begonnen, doch er verstarb im Jahr 2016. Mit der Vollendung Bauwerkes wurde der Sohn von Paul Nagel, Johannes Nagel, beauftragt.

Verwehrt er den Kofferträgern den Durchgang?

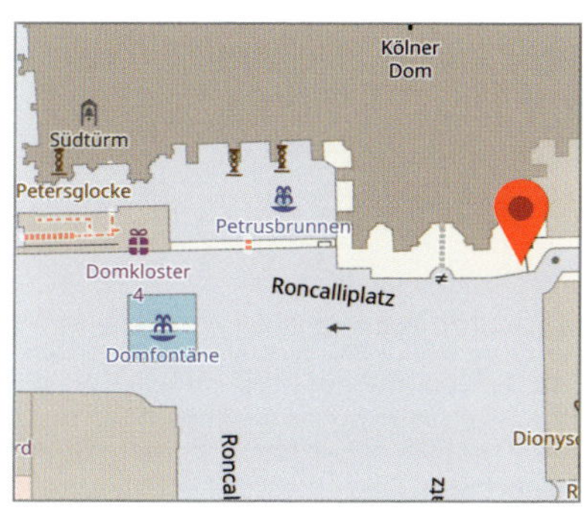

Kölner Dom
Domkloster 4
50667 Köln
(am Zaun vor dem Südportal/
Roncalliplatz, rechte Seite)

03 | KÖLNER DOM
DAS ÄLTESTE NAVI DER WELT

Ob beim Landeanflug über Köln oder bei einem Blick vom Drachenfels: Es sind die Domtürme, an deren charakteristischer Silhouette wir das Zentrum der rheinischen Metropole verorten können. Gerüchten zufolge sollen sie auch von den alliierten Bomberpiloten als Landmarke beim Anflug während des Zweiten Weltkriegs genutzt worden sein. Es gibt aber einen weiteren Turm in ihrem Schatten, der es zwar nicht in der Höhe mit seinen großen Brüdern aufnehmen kann, der aber in anderer Weise punktet. Es ist der „Vierungsturm", der nicht nur architektonisch von Bedeutung ist, sondern auch für Vermessungstechniker eine wichtige Rolle spielt. Und im Gegensatz zu seinen großen Nachbarn ist er nicht mit einer Kreuzblume gekrönt, sondern mit dem ältesten Navi der Welt …

Schauen wir zunächst auf den Kölner Dom, und zwar von oben: Er sieht aus wie ein riesiges Kreuz. In der Ost-West-Ausdehnung besteht er aus einem Langhaus mit je zwei Seitenschiffen rechts und links, das nach der bei der Planung üblichen Maßeinheit 500 römische Fuß lang war; heute sind das 145 Meter. Nicht ganz in der Mitte, sondern leicht nach Osten verschoben, wurde im Norden (Richtung Bahnhof) und im Süden (Roncalliplatz) je ein Querhaus angesetzt. Um die riesige Grundfläche überspannen zu können, ist der Innenraum des Doms in eine Reihe kleinerer Raumeinheiten aufgeteilt, die sogenannten Joche, die, mit leichten Abweichungen, eine Seitenlänge von 50 römischen Fuß (14,78 Meter) haben. Das Joch, an dem sich Lang- und Querhaus treffen, hat einen besonderen Namen: **Es wird „Vierung" genannt.**

Der Vierungsturm vom Domdach aus gesehen

Zackige Angelegenheit: der Stern auf einer Kreuzblume

Und der Mittelpunkt der Vierung wird im Kölner Dom gleich an zwei Stellen markiert: innen durch den Volksaltar aus den 1950er Jahren, an dem zum Beispiel sonntags und an hohen kirchlichen Feiertagen die Pontifikalämter zelebriert werden, und außen durch den, Sie ahnen es, **„Vierungsturm"**.

Dabei war lange unklar, ob die ersten Baumeister überhaupt einen Turm an dieser Stelle vorgesehen hatten. Da dieses architektonische Stilmittel jedoch bei französischen Vorbildern wie in Amiens angewendet wurde, kamen auch am Kölner Dom entsprechende Pläne von Dombaumeister Ernst Friedrich Zwirner und seinem Nachfolger Richard Voigtel im Zuge der Domvollendung zur Ausführung. Schon 1860 war er fertig, somit ist er um einige Jahre älter als seine berühmteren Nachbarn.

Im Gegensatz zu ihnen ist der Vierungsturm auch nicht aus Stein gebaut; er wurde, wie auch der gesamte Dachstuhl des Kölner Doms, aus Eisen konstruiert. Diesem Werkstoff wurde gegenüber einer traditionellen Konstruktion aus Holz der Vorzug gegeben, da er neben einem wesentlich besseren Brandschutz ein geringeres Gewicht und eine längere Haltbarkeit aufweist. Unter dem Dach des Kölner Doms ist eine aufwendige Rahmenkonstruktion gebaut worden, an denen der Turm mit riesigen Schrauben befestigt ist. Bei den im „Domforum" buchbaren Dachführungen können Besucher den 1,50 Meter großen Schraubenschlüssel bewundern, mit dem sie angezogen wurden. Sein heutiges Aussehen mit den Art-Deco-Engeln bekam der Vierungsturm im Jahr 1973, nachdem Kriegsschäden beseitigt und im Jahr 1958 eine Neugestaltung weg von den alten Vorbildern beschlossen worden war. Der Vierungsturm hatte übrigens eine Art Vorläufer, nämlich einen kleinen Dachreiter, der auf dem mittelalterlichen Teil des Domdaches angebracht war. Von dieser überhöhten Warte aus hatten die französischen Besatzer zu Beginn des 19. Jahrhunderts einen hervorragenden Überblick über ihr Roer-Departement, von hier aus konnten sie bei schönem Wetter Peilungen zum Beispiel bis nach Neuss und Frechen durchführen. Sie waren in der Person von Jean Joseph Tranchot die ersten, die den Dom ganz profan für die Geländevermessung und zur Erstellung von Kartenwerken nutzten. Was den Franzosen recht war, war den Preußen dann ab 1815 billig: Sie setzten unter der Leitung von Freiherr von Müffling die Arbeit ihrer Vorgänger fort, nutzten dafür aber den neuen Vierungsturm, zumal der hölzerne Dachreiter in der Zwischenzeit weggemodert war.

Treiben wir es nun auf die Spitze, die sich im Fall des Vierungsturms in 110 Metern Höhe über dem Kirchenboden befindet. Da glänzt nämlich seit dem

Der Schraubenschlüssel und die Muttern, mit denen der Turm am Dom fixiert ist

Stern mit mittelalterlichem Kreuz und Nordturm

15. Oktober 1860, dem 65. Geburtstag von Kaiser Friedrich Wilhelm IV., ein goldener Stern, vor allem, wenn die Sonne scheint. Sie brechen sich auf den Seitenflächen von insgesamt 20 Strahlen, die in einer gleichförmigen Anordnung von Dreiecken den Himmelskörper darstellen. Auf einer Plattform unter diesem Stern haben dann die preußischen Geodäten einen Messtisch eingerichtet und beschlossen, dass von diesem Bezugspunkt aus alle Entfernungen gemessen werden, die von Köln wegführen. Dokumentiert ist das durch eine kleine Tafel mit der Aufschrift „Tr. Pt. der europäischen Gradmessung 1867 Baeyer". Daran hat sich bis heute nichts geändert, so dass der Stern auf dem Vierungsturm bis heute als geografischer Mittelpunkt von Köln gilt.

Der Trigonometrische Punkt

Die Planer der Domvollendung wollten den Stern jedoch in anderer Weise verstanden wissen, obwohl: Richtungsweisend war er auch im christlichen Sinne. Werfen wir dafür einen Blick in das Matthäus-Evangelium, genauer in die Weihnachtsgeschichte. Da heißt es im Vers 2,9: „Nach diesen Worten des Königs machten sie sich auf den Weg. Und der Stern, den sie hatten aufgehen sehen, zog vor ihnen her bis zu dem Ort, wo das Kind war; dort blieb er stehen." Das heißt nichts anderes, als dass die drei Weisen aus dem Morgenlande (von Königen war ja ursprünglich gar nicht die Rede) dem Stern einem Navigationssystem gleich folgten und mangels fehlender Sprachausgabe („Sie haben Ihr Ziel erreicht!") einfach dort suchten, wo der Stern sich nicht mehr bewegte. Mit Erfolg, wie wir alle wissen, denn nach Matthäus fanden sie das Kind in Bethlehem in einem Stall. Und als Reminiszenz an die Reliquien der Heiligen Drei Könige, die 1164 Einzug in Köln hielten, wurde ihr Leitstern, das älteste Navi der Welt, zusätzlich zu einer kleinen Kreuzblume auf der Spitze des Vierungsturms angebracht.

Die Domtürme waren nach ihrer Fertigstellung um Jahr 1880 für vier Jahre die höchsten Gebäude der Welt. Sie unterscheiden sich in der Höhe um 7 cm, was ungefähr der halben Größe eines Kölsch-Glases entspricht. Offiziell ist der Nord-Turm 157,38 cm, der Südturm 157,31 cm hoch.

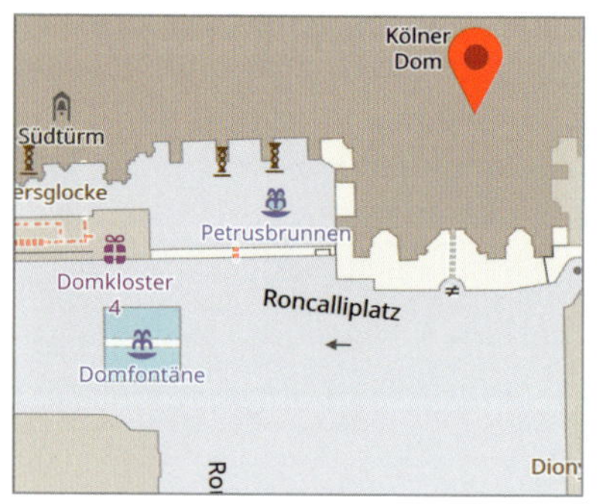

Kölner Dom
Domkloster 4
50667 Köln
(Vierungsturm)

04 | KÖLNER DOM
DER SCHWARZE RIESE LEBT!

Groß und mächtig, einer Klippe gleich, überragt der Kölner Dom das Häusermeer der 2.000 Jahre alten Stadt. Wie zwei Finger strecken sich die filigranen Türme dem Himmel entgegen. Geschichte, Religiosität und Architektur sind hier in nahezu perfekter Symbiose vereint, und für die Bewohner der Domstadt ist die Hohe Domkirche St. Petrus und Maria, so die offizielle Bezeichnung, ein Sehnsuchts- und Zufluchtsort.

Um die kühne Vision des ersten **Dombaumeisters Gerhard von Rile** in die Realität umzusetzen, waren gewaltige Kraftanstrengungen nötig, sowohl aus planerischer als auch aus logistischer Sicht. Und da es in und rund um Köln außer Sand und ein paar Rheinkieseln kein brauchbares Baumaterial gab, ließen die mittelalterlichen Baumeister buchstäblich Berge versetzen, vor allem den Drachenfels im 40 Kilometer entfernten Siebengebirge. Geologisch betrachtet besteht er aus Trachyt, einem Gestein, das seinen Ursprung gewaltigen Vulkanausbrüchen verdankt, die vor 29 Millionen Jahren das kleine Mittelgebirge vor den Toren Kölns formten. Mühsam und unter großen Gefahren wurden die Steine aus dem Fels gebrochen, über den Rhein an den Bauplatz auf dem Domhügel transportiert, in der Bauhütte des Doms zu Werksteinen umgearbeitet und zu einem Gebirge in der damals für Köln noch neuen gotischen Formensprache aufgetürmt. Doch während der Kölner Dom heute von bis zu **6 Millionen Besuchern im Jahr** aufgesucht wird (und damit in Deutschland den Besucherrekord hält), gibt es unzählige Lebensformen, die dieses Biotop als ständigen Wohnsitz angenommen haben. Ganz im Stillen haben eine Vielzahl von Pflanzen und Tieren den Kölner Dom in ein Habitat verwandelt, da er ihnen mit seiner verwinkelten Architektur und einem eigenen Mikroklima die idealen Voraussetzungen dazu bietet. Ich empfehle Ihnen bei einer Runde um den Kölner Dom oder, noch besser, bei einer der spannenden Führungen über die Dächer der Kathedrale, ihr Augenmerk einmal auf die Vertreter von Flora und Fauna zu lenken. Sie werden sehen: Der schwarze Riese lebt!

Beginnen wir mit der Pflanzenwelt am Kölner Dom und der häufig gestellten Frage: **Warum ist der Kölner Dom so dunkel?** Viele Besucher möchten ihn bei seinem Anblick am liebsten gleich mit einem Hochdruckstrahlgerät behandeln (meist wird dafür der Name einer einschlägig bekannten Gerätemarke in Verbform verwendet). Ohne Zweifel: Es sind vor allem Umwelteinflüsse, welche zur Verfärbung der eigentlich hellen Steine beigetragen haben. Schon der Ruß des mittelalterlichen Hausbrandes überzog den halbfertigen Bau mit einer schwarzen Patina, später taten die Schlote der Industriebetriebe und die Dampflokomotiven, die den Hauptbahnhof in unmittelbarer Nachbarschaft ansteuerten, ein Übriges. Weitgehend unbekannt ist jedoch, dass auch natürliche Faktoren dazu beitragen, das Farbenspiel der Kathedrale zu beeinflussen. Der auffällig oft über die Domplatte pfeifende Wind sorgt nämlich dafür, dass Sporen und Samen ganz unterschiedlicher Pflanzen auf die Dächer und Galerien des künstlichen Gebirges geweht werden. Das meiste davon wird beim nächsten Regen wieder heruntergewaschen, dennoch gelingt es einigen genügsamen Spezialisten, in diesem ex-trem kargen Umfeld zu keimen und es für sich zu erobern. **Vorsichtigen Schätzungen zufolge hat die Biomasse, die sich aus Bakterien, Flechten, Moosen, Farnen und Blütenpflanzen zusammensetzt, ein Gewicht von etwa 1000 Tonnen.** Selbst Sträucher und Bäume wie der Schmetterlingsflieder oder Birken schaffen es, sich in luftiger Höhe mit ihren Wurzeln in kleinsten Spalten und Ritzen zu verkeilen und Halt zu finden. Bedingt durch seine Ost-West-Ausrichtung bietet der Kölner Dom den Vertretern der Flora zwei „Klimazonen" an, in denen sie ihre Nischen finden können, und das im wahrsten Sinne des Wortes. Während sich blühende Pflanzen wie das Mauer-Zimbelkraut, das Afrikanische Greiskraut und das Weidenröschen auf der an sonnigen Tagen bis zu 50° heißen Südfassade wohlfühlen, ziehen Moose und Flechten es vor, sich in den kühl-schattigen Gefilden oberhalb des Kölner Hauptbahnhofs auf Fialen, Kreuzblumen, Strebebögen und Pfeilern auszubreiten.

Beuten vor den Fenstern der Marienkapelle

Dombienen mit Königin (das dunkle Tier in der Mitte)

Es sind aber ausgerechnet die kleinsten Organismen, die dem Kölner Dom seine „verteufelt schwarze Farbe", wie der Dichter Heinrich Heine es nannte, verleihen. Cyanobakterien und Algen bilden eine großflächige, lebendige Patina und betreiben Fotosynthese. Wenn sie der Sonne ausgesetzt sind, vertrocknen sie, werden dunkel und mit ihnen der Dom.

Die Tierwelt ist diesem Habitat ebenfalls in reichem Maße vertreten. Insekten wie die lichtscheue Assel, Spinnen, Hummeln, Wildbienen und viele andere mehr nutzen das Platz- und Futterangebot auf ihre Weise. Kleinere Vogelarten wie die Meise und der Gartenrotschwanz sind hier ebenso anzutreffen wie die ungleich größeren Krähen. Manchmal übertönt der schrille Schrei eines Turmfalken die Geräuschkulisse der Großstadt. Auch wenn man sie nicht sieht: Federchen, Kot und vor allem ausgeschiedene Kirschkerne verraten ihre Anwesenheit. Ausgerissene Flügel oder angefressene Kadaver belegen, dass es in diesem Jagdrevier aus Stein wie in der freien Natur Kämpfe auf Leben und Tod gibt.

Die „prominentesten" unter den gefiederten Bewohnern des Kölner Doms sind die verwilderten Haus- und Brieftauben. Einerseits sind sie ein Symbol für den Frieden, die von besorgten Menschen gefüttert werden (was in Köln bei Strafe verboten ist), andererseits werden sie als „Ratten der Lüfte" verunglimpft, da sie bei ihrer Futterauswahl nicht gerade wählerisch sind. Als Felsenbrüter finden sie am Kölner Dom geradezu ideale Bedingungen vor. Obwohl sie eigentlich Körner- und Samenfresser sind, nehmen sie das Nahrungsangebot, das eine Großstadt bietet, dankbar an. Darüber hinaus verfügen sie über ein bemerkenswertes Anpassungsvermögen, auch wenn es darum geht, geeignetes Material für den Nestbau zu finden. So entdeckten Mitarbeiter der Dombauhütte vor einigen Jahren ein Nest, in dem etwa 60 „Coffee-to-go"-Rührer kunstvoll verarbeitet waren.

Vor allem sorgen sie aber wegen ihrer Hinterlassenschaften für Unmut. Vier bis zwölf Kilogramm kommen da im Jahr pro Tier zusammen, und wenn diese Hinterlassenschaften auf den alten Steinen des Kölner Doms landen, sind neue Schäden vorprogrammiert. „Der Kot von Tauben verunreinigt den Kölner Dom", sagte Dombaumeister Peter Füssenich dazu in einem Zeitungsinterview. „Sein Säuregehalt beschleunigt darüber hinaus die Verwitterung der Bausubstanz. Schließlich sind Taubenfäkalien auch eine ideale Brutstätte für Parasiten." Es verbietet sich, die Tauben am Kölner Dom zu bejagen oder zu vergiften, aber mit natürlichen Methoden ist es möglich, sie auf Distanz zu der menschge-

Tüpfelfarn

Historisches Foto: das Taubennest mit den Kaffeerührern

machten Felsbehausung zu halten. Die Tauben werden „vergrämt", wie es in der Fachsprache heißt. Dazu bedient man sich ihrer natürlichen Feinde, namentlich Raubvögeln wie Bussarden und Falken. In der 1980er Jahren gelang es dem Falkner Claus Doering, das Wanderfalkenpaar „Agrippina", benannt nach der römischen „Stadtmutter" Kölns, und „Arnold", für den der frühere Dombaumeister Arnold Wolff als Taufpate diente, auf dem für die Öffentlichkeit nicht zugänglichen Nordturm anzusiedeln. Bald stellten sich Bruterfolge ein, welche die Grundlage für eine größere Population dieser eleganten Jäger in Nordrhein-Westfalen werden sollten. Eine Baustelle im Umfeld ihres Nistplatzes veranlasste die Falken jedoch zu einem Umzug in den trutzigen Turm der benachbarten Kirche Groß St. Martin, wo sie ruhigere Bedingungen für ihr Brutgeschäft vorfanden. Heute reist der Falkner Marco Wahl alle vier bis fünf Wochen mit Wüstenbussarden und einem Lannerfalken an, um die Tauben möglichst nachhaltig in Angst und Schrecken zu versetzen.

Neben den Pflanzen und Lebewesen, die den Kölner Dom auf natürliche Weise besiedelt haben, gibt es auch eine Kolonie von Tieren, denen hier von Menschenhand ein Zuhause geschaffen wurde. Neben den einzelgängerischen Wildbienen, denen eine Pore im vulkanischen Gestein als Brutkammer reicht, sind am Kölner Dom mittlerweile auch Honigbienen heimisch, die in so genannten „Beuten" ihrem aufwendigen Brutgeschäft nachgehen. Wenn Sie an der Südostecke des Kölner Doms vor der Grube der Dombauhütte stehen, können Sie die kistenartigen Behälter aus hellem Holz links oben am Fuße der Fensterbahnen sehen.

Kaum ein Insekt ist so symbolbeladen wie die kleinen Honig- und Pollensammlerinnen. Im allgemeinen Sprachgebrauch sind sie ein Synonym für Fleiß, und im christlichen Glauben stehen sie wegen ihres vermeintlichen Todes vor dem Winter für die Auferstehung. Sechs Jahre lang führte Köln auf Anordnung Napoleons I. sogar drei Bienen in seinem Wappen, da dies für Städte erster Ordnung („Bonnes villes de l'Empire français"), zu denen Köln gehörte, verpflichtend war.

Die Jungimkerin Laura Necka kümmert sich seit 2019 mit einer Genehmigung des Metropolitankapitels um ihre „Biens", wie die Superorganismen aus Königin, Arbeitsbienen und Drohnen in der Fachsprache genannt werden. Sie setzt damit eine Tradition fort, die mit zwei Bienenvölkern begann, welche dem früheren Erzbischof Kardinal Meisner vor einigen Jahren als Geschenk übergeben wurden. Mittlerweile ist es ihr gelungen, durch Teilung und geschicktes

„Königinnen-Management" den Bestand auf fünf Völker zu erhöhen. Eine Bienengemeinschaft kann im Sommer aus bis zu 50.000 Tieren bestehen, im Winter reduziert sich die Zahl auf weniger als die Hälfte. Nur die letzte Brut eines Jahres überlebt die kalte Jahreszeit, die sie in Form einer Traube in ihrem Unterschlupf verbringt.

Die Varroa-Milbe ist ein Parasit, der vermutlich aus Ostasien stammt und in der Lage ist, ganze Bienenvölker zu vernichten. Seiner Bekämpfung widmet Necka einen Großteil ihrer Aufmerksamkeit. Mehrmals in der Woche erklimmt sie Leitern und Gerüste, um zu den Beuten zu gelangen. Durch vorsichtiges Zerstäuben von organischen Substanzen wie Milch- und Oxalsäure schafft sie es, auf bienenschonende Art und Weise den Schädling in seine Schranken zu weisen. Für ihr Futter sorgen die Bienen selbst, wobei sie nicht nur auf die blühenden Arten am Kölner Dom angewiesen sind. Selbst in Entfernungen von drei bis fünf Kilometern finden Sie noch Nektar und Pollen, die sie zielsicher in ihre Beute einbringen. Große Bäume wie Kastanien, Robinien, Linden und Akazien dienen als Futterquellen ebenso wie wildlebende Kräuter und blühende Pflanzen in Gärten und auf Balkonen. Schutzkleidung trägt die Imkerin beim Besuch ihrer Bienen übrigens nicht: Ein „Smoker", der mit zerrissenen Eierkartons bestückt ist, reicht ihr aus. Der Rauch aus dem wasserkochergroßen Gerät wirkt beruhigend auf die kleinen Stachelträgerinnen. Vielleicht trägt ja auch die Orgelmusik aus dem Kölner Dom zur Ausgeglichenheit der emsigen Anwohnerinnen bei, denn direkt hinter den Beuten befindet sich die Marienkapelle mit einem eigenen kleinen Instrument. Wird sie gespielt, ist das auch am Standort der Bienen zu hören.

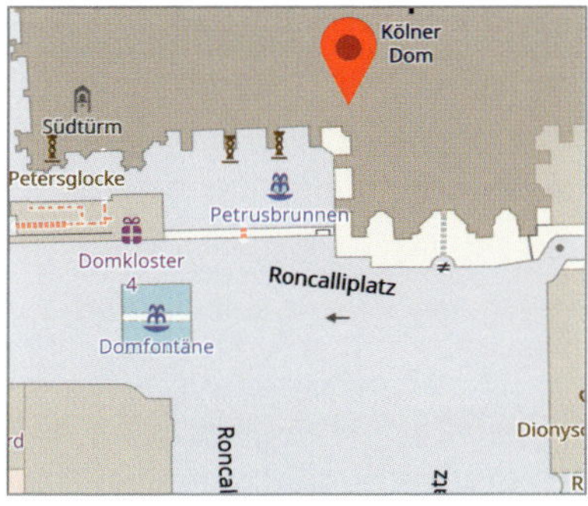

Kölner Dom
Domkloster 4
50667 Köln

05 | INNENSTADT
DATIS NEPIS POTUS COLONIA

Wenn Ihnen die Überschrift lateinisch vorkommt, liegen Sie richtig, aber bei dem Versuch einer seriösen Übersetzung dieses „Satzes" werden Sie scheitern. Den Gegenstand, den er beschreibt, gibt es aber wirklich. In die Kölner Mundart übertragen kommt dabei der Kalauer „Dat is ne Pisspott us Colonia" heraus, und die Rede ist von einer zweckentfremdeten Amphore, die im Römisch-Germanischen Museum (RGM) in Köln zu finden ist.

Nachdem die Römer das urbane Zentrum am Rhein errichtet hatten, versuchten sie, die heimische Lebensart in den Norden des riesigen Imperiums zu übertragen. Zu ihren größten Annehmlichkeiten gehörten das Essen und das Trinken. Den Wein gab es als Kulturpflanze aber noch gar nicht; er wurde erst von den Römern an Rhein und Mosel eingeführt. Die Früchte und Saaten für die begehrten Öle konnten schon aus klimatischen Gründen nicht vor Ort kultiviert werden. **Und das „Maggi" der Römer, die „garum" genannte Soße aus fermentierten Fischen, war lokal ebenfalls nicht verfügbar.** Diese begehrten Waren mussten importiert werden. Dazu nutzten die Römer ihr gut ausgebautes Straßennetz, das eigentlich zur schnellen Verschiebung der Legionen angelegt worden war. Das römische Köln, ab 50 n. Chr. „Colonia Claudia Ara Agrippinensium" genannt, war in dieses System eingebunden. Flüsse wie den Rhein und die Rhone sowie den Seeweg machten sie sich ebenfalls zunutze.

Heute würden wir Bulkmaterialien, also unverpackte Güter, in Tankwagen oder Kesselwaggons auf die Reise schicken. In dieser Hinsicht waren die Römer

Puzzle aus Ton: die Amphore im Römisch-Germanischen Museum, Köln

selbstverständlich limitiert. Sie hatten aber aus Ton gebrannte Amphoren, die robust genug waren, größere Mengen an Füllgütern aufzunehmen und die langen Transportwege heil zu überstehen. Sie waren so stabil gebaut, dass sie ohne eine schützende Umverpackung benutzt werden konnten. Um die Handhabung zu erleichtern, war eine Größe von etwa 25 Litern üblich. Es gab aber auch Typen mit einem Fassungsvermögen von bis zu 70 Litern. Zusammen mit ihrem Eigengewicht wogen die größten fast 100 Kilogramm.

Jetzt zu dem Fundstück aus dem RGM: Der erste Eindruck verrät, dass die Amphore aus Scherben in verschiedenen Größen rekonstruiert worden ist. Archäologen fanden diese im Jahr 2010 bei einer Ausgrabung am Waidmarkt. Die Bauart und die Größe ist typisch für die Region Baetica, das im heutigen Spanien ganz im Süden liegt. Und verschifft wurde mit ihr feinstes Olivenöl in unverfälschter Qualität, so wie es heute auch noch wünschenswert ist.

Im feuchten Boden des Fundortes erhielt sich sogar eine Beschriftung, denn wie es sich für eine handelsfähige Verpackung gehört, war sie „etikettiert", soll heißen: Mit schwarzer Tusche war außen auf der Amphore vermerkt, wer die Ware in Verkehr gebracht hatte und wie viel Öl in ihr abgefüllt war. Unser Händler also, der vielleicht auch gleichzeitig der Produzent war, war Caius Iulius Vegetius und das Füllgewicht betrug CXXXXI (= 141) librae, was in „richtige" Zahlen und in unsere heutige Einheit umgerechnet rund 46 Kilogramm entspräche. Inklusive ihres Eigengewichts brächte sie rund 80 Kilogramm auf die Waage.

Nach wochen-, vielleicht monatelanger Reise war die Amphore seinerzeit im römischen Köln angekommen. Irgendwann war das Öl aufgebraucht, die anhaftenden Reste ranzig geworden. Was geschah nun mit ihr? Wurde sie gereinigt und mit etwas anderem befüllt? Das kam nicht infrage, denn der Aufwand hierfür war den Römern zu groß, und die Mehrweckverpackung hatten sie noch nicht für sich entdeckt. Also wäre sie unter normalen Umständen und in Anlehnung an das „kölsche Grundgesetz" **(„Bruche mer nit, fott damit")** zerschlagen und entsorgt worden.

Der Amphore im RGM blieb dieses Schicksal aber zunächst erspart, denn sie wurde ein zweites Mal verwendet (römisches Recycling, lobenswert!). Ihre Zeit als hochwertige Lebensmittelverpackung war jedoch beendet, stattdessen fand sie sich in einem sehr anrüchigen Milieu wieder.

Im römischen Reich hatten die Walker, also die Betreiber von Wäschereien, die Gerber und Färber großen Bedarf an einem Rohstoff, der damals nur indirekt zur Verfügung stand: Ammoniak, der in höherer Konzentration im menschlichen

Urin vorkommt. Auf ihn hatten es die angesprochenen Gewerbe abgesehen. Den Walkern diente der Urin als Seifenersatz beim Reinigen der Kleidung und den Färbern und Gerbern, um aus den Rohstoffen (für die Farbgewinnung beispielsweise aus der Waidpflanze) die für sie wichtigen Bestandteile herauszulösen.

Ergibt sich die Frage: Wie wird der menschliche Wertstoff eingesammelt? Hier kommt die ehemalige Ölamphore ins Spiel, denn aus ihr wurde ein kölscher Pisspott. Auf Latein wurde sie vornehmer mit „amphora in angiporto" (= Amphore im Nebengässchen) bezeichnet; entsprechend war sie dort aufgestellt, wo sie diskret benutzt werden konnte. Um den Füllvorgang zu erleichtern, wurde in bequemer Höhe ein kreisrundes Loch eingeschlagen, vielleicht auch um den Spieltrieb der römischen Herren zu befriedigen (wir kennen so etwas ja auch aus heutiger Zeit, mit kleinen Fußballtoren, usw. ...).

Das Sammeln des Urins war im ganzen römischen Reich ein großer und lukrativer Industriezweig, sodass Kaiser Vespasian, römischer Kaiser von 69 – 79 n. Chr. und stets besorgt um die klammen Finanzen seines Imperiums, eine legendäre Steuer darauf erhob. Den ihm zugeschriebenen Spruch „Geld stinkt nicht" (lat. „pecunia non olet") haben Sie bestimmt schon einmal gehört.

Die Fundgeschichte kennen Sie bereits, deshalb wissen Sie, dass der Amphore aus dem RGM das finale Schicksal nicht erspart geblieben ist: Auch sie wurde letztendlich zerschlagen und vergraben.

Wenn Sie die Amphore im RGM sehen, werden Sie übrigens keinen Hinweis auf ihre zweite Verwendung finden. Aber Sie wissen ja jetzt Bescheid ...

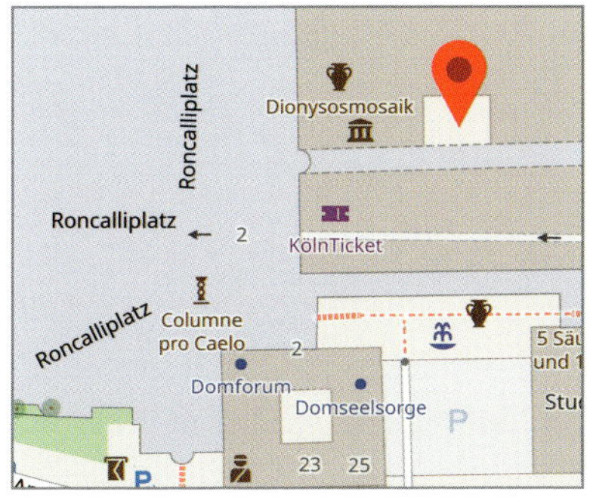

Römisch-Germanisches Museum
Roncalli-Platz 4
50667 Köln
aktuell im Ausweichquartier
(wg. Generalsanierung)
im Belgischen Haus
Cäcilienstraße
46 50667 Köln

06 | INNENSTADT
BEGEHBARE KUNST

Dass man vor lauter Bäumen den Wald nicht mehr sieht, soll schon vorgekommen sein. Aber in Köln können Sie mitten durch die Stadtlandschaft gehen, ohne zu erkennen, dass Sie sich gerade in einem Kunstwerk aufhalten. Schauen Sie sich das nächste Mal um, wenn Sie beispielsweise von der Hohenzollernbrücke zum Kölner Dom gehen: Das rote Ziegelsteinpflaster, die Eisenbahnschienen, die sechsstöckige Skulptur, die Bäume und die kreisförmige Anordnung vor dem Museumsrestaurant, alles zusammen gehört zu einem Land-Art-Projekt des israelischen Künstlers Dani Karavan. Die Fläche dient als autofreie Fußgängerzone, lädt bei schönem Wetter zum Verweilen ein und bildet letztlich die Decke zum Saal der Philharmonie. Aber dazu später mehr …

Als Kunstwerk heißt der Platz „Ma'alot"; das Wort stammt aus dem Hebräischen und bedeutet so viel wie Stufe, Sprosse, Stiege, steht aber auch für die Psalmen 120-134 aus dem Alten Testament, auch „Stufenlieder" genannt. Diese werden in Jerusalem traditionell gesungen, wenn die Priester mit wassergefüllten Krügen die Stufen zum Tempel hinaufsteigen. Im Kölner Stadtplan ist er als Heinrich-Böll-Platz ausgewiesen als Reminiszenz an den aus Köln gebürtigen Literatur-Nobelpreisträger.

Begehbare Kunstwerke wie „Ma'alot" werden auch „Environments" genannt. Auffallend ist, wie harmonisch sich dieses Ensemble aus Wegen, Plätzen und Gebäuden in seinen Formen und vor allem den verwendeten Materialien in die Umgebung einpasst. Das ist der Arbeitsweise von Dani Karavan geschuldet, der sich

Granitbahn und Stufenskulptur: Kunst zum Begehen und Besteigen bei der Planung seiner Projekte erst einmal an den vorhandenen Gegebenheiten vor Ort orientiert. So finden wir an einem an einen Teppich erinnernden Streifen zwischen Hauptgebäude und Restaurierungsflügel (der kleine Nebenbau, der den Museumsbau von den Gleisen abschirmt) den schon auf dem Roncalli-Platz verwendeten Granit wieder. Die roten Ziegelsteine des Pflasters wiederum entsprechen der Optik des Museumsgebäudes, die eisernen Bauteile wie Schienen und Komponenten der großen Skulptur und der Kreisanlage zitieren die Hohenzollernbrücke und die Konstruktion des Hauptbahnhofs. Und die Bäume und Grasflächen nehmen Bezug auf den Rheingarten, der unterhalb der Treppenanlage Richtung Rhein an „Ma'alot" angrenzt.

Stufen in großer Anzahl bilden den Transfer der oberen Platzebene hinab zum Rheingarten bzw. bergauf Richtung Museum Ludwig und Kölner Dom. Historisch belegt ist, dass schon der frühere Königsweg vom Rhein über Stufen hinauf zum Kölner Dom führte. Diese Tradition wird mit der neuen Treppenanlage neu belebt.

Der für Platzgestaltung verwendeten geometrischen Formensprache liegt eine bestimmte Zahlenarithmetik zugrunde: **Auf der Basis des Achsmaßes der Museumsfassade von 90 Zentimetern bilden die Ziffern 6 und 9 den Schlüssel für diese Symbolik.** Die meisten der verwendeten Maße entsprechen diesen Zahlen oder einem Vielfachen von ihnen.

Schauen wir uns das einmal näher an dem augenfälligsten Element der ganzen Anlage, der Stufenskulptur in der nordöstlichen Ecke der Fläche, an. Sie besteht aus sechs Segmenten aus dunklem Gusseisen und hellem Granit mit einer Grundfläche von 2,70 x 2,70 Metern. Jedes ist 1,80 Meter hoch, bei jeder der Stufen verringert sich die Tiefe der einzelnen Segmente um 0,45 Meter. Folglich ist sie 6 x 180 Zentimeter, also 10,80 Meter hoch. Bei genauem Hinsehen stellen Sie fest, dass in dem unteren Element jeweils sechs begehbare(!) Stufen eingebaut sind. Noch ein Hinweis: Ein Schlitz in der ersten und zweiten Stufe erlaubt in Richtung Westen einen interessanten Blick genau auf den Südturm des Kölner Doms.

Zwei kleine Rasenflächen wurden ebenfalls symbolträchtig bepflanzt. Auf der Südseite des Restaurationsflügels stehen in einem Grünstreifen sechs Akazien, auf einer kleinen Erhöhung am Museumsgebäude neun Ahorne. Es heißt, dass König Salomon Ahornholz zum Bau des Tempels nutzte und Akazien einst die Straße der aus dem Exil Heimkehrenden säumen werden. (Jes. 41, 19). Ein anderes Element, das die Aufmerksamkeit des Betrachters auf sich zieht, besteht aus sechs konzentrischen Ringen, korrespondierend zur Stufenskulptur,

Der alte Königsweg: Stufen vor dem Museum Ludwig und dem Kölner Dom

Eindrucksvoll: die Eisenbahnschiene im Kreissegment

König Salomons Ahorne

aus Granit und Gusseisen. Durch Stücke von Eisenbahnschienen, die exakt nach den Himmelsrichtungen ausgerichtet sind, sind die Kreise in acht Sektoren unterteilt, woraus sich ein Winkel von 45° (Vielfaches von 9!) ergibt. Und unter dieser Kreisstruktur befindet sich das Podium des Konzertsaals. Es hat in der Vergangenheit immer wieder Spekulationen darüber gegeben, ob „Ma'alot" vor allem wegen der Eisenbahnschienen als Holocaust-Denkmal gedacht ist. In der Tat zeigt eine Verlängerung der Schiene über die Stufen-Skulptur hinaus direkt zum Bahnhof Deutz-Tief, von dem aus ab Oktober 1941 die Deportation der meisten Kölner Juden durchgeführt wurde. Die häufig vorkommende Zahl 6 (sechs Stufen, sechs Bäume, sechs Kreise) wird als Hinweis auf die während der Nazi-Zeit ermordeten sechs Millionen Juden interpretiert. Dani Karavan betont, dass das nicht seine Absicht gewesen sei. Im Beitrag einer Dokumentation über „Ma'alot" von Christoph Brockhaus sagt der Künstler: „(Das Kunstwerk) kann nur Widerhall hervorrufen und Assoziationen beim Betrachter, beim Besucher, beim Passanten evozieren. Aber in der Hervorrufung dieses Echos ist das Kunstwerk frei, es hat alle Rechte und jede Freiheit, Assoziationen in jede beliebige Richtung anzustoßen und die verschiedensten Phantasien und Vorstellungen beim Menschen auszulösen, auch Vorstellungen, die ich selbst nicht hatte, die ich nicht sehe, Bilder, die ich nicht kontrollieren kann, und für die ich nicht verantwortlich bin."

Jetzt kann es Ihnen passieren, dass Sie „Ma'alot" besichtigen wollen und vielleicht etwas überrascht feststellen, **dass die große Fläche zwischen Stufenanlage und Museumsgebäude gesperrt ist.** Das passiert ungefähr 1000 Mal im Jahr, immer wenn im Saal der Philharmonie tief unter dem Platz geprobt wird oder eine Aufführung stattfindet. Grund dafür ist eine nicht ausreichende Schallisolierung, da auf Wunsch von Dani Karavan die kleinformatigen roten Klinker nur lose in einem Sandbett verlegt sind. Dadurch wirkt die darunter liegende, fugenlos gegossene Betondecke wie ein Verstärker, besonders für Geräusche, die von Rollkoffern und Skateboards verursacht werden. Um also Störungen im Konzert- und Probenbetrieb zu vermeiden wird der Bereich oberhalb des Musikhauses großflächig mit Absperrbändern eingezäunt, und ein Wachdienst sorgt freundlich, aber bestimmt dafür, dass diese Regelung eingehalten wird. Das ist natürlich nicht umsonst: Dieser spezielle Service kostet die Stadt jährlich einen Betrag im niedrigen sechsstelligen Bereich …

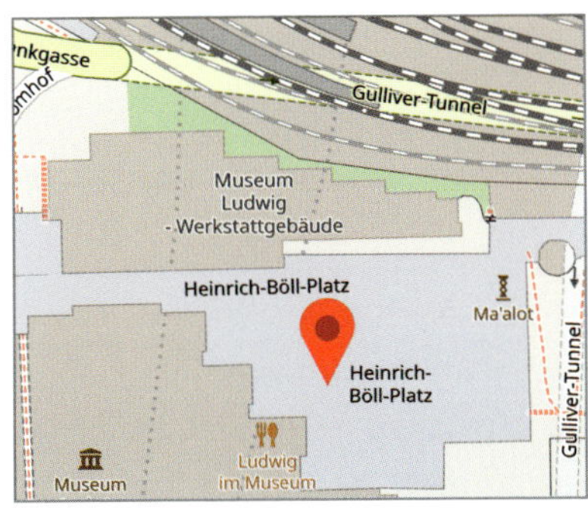

Ma'alot
Heinrich-Böll-Platz
50667 Köln

07 | INNENSTADT
UND ER BEWEGT SICH DOCH!

Vom Alter Markt aus können Sie, wenn Sie genau hinschauen, unter der Uhr am Ratsturm eine bärtige Fratze mit einem Schlapphut erkennen. Besonders zur vollen Stunde lohnt es sich, ihr etwas Beachtung zu schenken. Denn dann ist „action" angesagt: Der Bart bewegt sich nach vorn, und die rote Zunge schnellt hervor. Hand aufs Herz: Hätten Sie´s gewusst?

Einen guten Standort finden Sie an der Jan-von-Werth-Säule; von dort blicken Sie auf die Ostseite des Ratsturms. Der wurde Anfang des 15. Jahrhunderts von den Gaffeln als äußeres Zeichen ihrer Macht gebaut. Die Handwerker und Kaufleute, die bis dahin in Gilden und Zünften organisiert waren, hatten kurz zuvor die Herrschaft der Patrizier beendet und von 1396 an mit dem „Verbundbrief" als rechtliche Grundlage die Geschicke der Stadt gelenkt. Diese Kölner Stadtverfassung war bis zur Übernahme der Stadt durch die Franzosen am Ende des 18. Jahrhunderts gültig. Und wer die Macht hatte, baute damals den höchsten Turm der Stadt. 61 m hoch wurde er am Ende, die Fertigstellung ist auf das Jahr 1414 datiert.

Wenn Sie zu dem Turm hinaufsehen, können sie unter der kleinen Haube einige Glocken erkennen. Sie gehören zu einem Instrument, dass Carrilon genannt wird. Alle drei Stunden ertönt eine von insgesamt 24 verfügbaren Melodien (siehe Kasten), die regelmäßig wechseln. Die Töne werden ihm per Computer entlockt, es kann aber auch von Hand gespielt werden.

Einige Meter darunter springt Ihnen die Rathausuhr mit ihren goldfarbenen Zeigern, Ziffern und Randdekors ins Auge. Sie zeigt nicht nur die Uhrzeit an,

Ratsturm mit Jan-von-Werth-Brunnen

Der „Platzjabeck"

sondern steuert auch den Mechanismus, der per Glockenschlag verrät, was die Stunde geschlagen hat. Direkt unterhalb der „VI" des Zifferblatts ist die Maske mit dem eigentümlichen Gesicht angebracht. **Er heißt „Platzjabbeck"** – das klingt ungewohnt, beleuchten wir daher kurz, was es mit dem Namen auf sich hat.

Mit dem „Platz" könnte der Platz vor dem Rathaus gemeint sein, auf dem sich früher das Volk versammelt hat, um die Beschlüsse des Rates zu vernehmen. Es gibt noch eine zweite, ebenso schlüssige Erklärung: Der Begriff „Platz" könnte für das Rathaus selbst gestanden haben, denn früher gingen die Leute, um ein Beispiel zu nennen, „om Platz hierode", also zum Standesamt in das Rathaus.

Der Begriff „Jabbeck" bezeichnet gemäß Adam Wrede´s „Neuer Kölscher Wortschatz" einen „Gaffer, neugierigen Zuschauer, Menschen, der Maulaffen feilhält". Er setzt sich zusammen aus den Begriffen „Gappen" und „Beck".

„Gappen" kann „gähnen" oder auch „gaffen" heißen, hat aber in jedem Fall damit zu tun, dass der Mund weit geöffnet wird. Jetzt hat der Kölner das grundsätzliche Problem, dass er kein „G" aussprechen kann, sondern es durch ein „J" ersetzen muss. In Wredes angesprochenem Standardwerk gibt es kein Kapitel für den Buchstaben „G". Stattdessen listet er ein zweites „J"-Kapitel mit Wörtern auf, denen aus genannten Gründen statt eines „G" ein „J" vorangestellt wird. Hier finden wir die kölsche Version unserer Begriffsklärung, das „Jappen", wieder.

Der Wortteil „Beck" kann vom lateinischen „beccum" oder vom französischen „le bec" abstammen. Es meint aber dasselbe, denn beide Begriffe stehen für Schnabel, Maul oder Mund.

Der „Platzjabbeck" wurde bereits 1445 am Ratsturm angebracht; zu Beginn des 16. Jahrhunderts erfolgte eine Ergänzung durch das aufwendige Zifferblatt. Komplettiert wurde die Mechanik schließlich im Jahre 1913, als die Zunge eingebaut wurde, die beim Stundenschlag hervorschnellt. Sie sollte die Bewegung des Bartes optisch hervorheben, was ihr bis heute nur leidlich gelingt.

Die Kombination des vergrämten Greisenhauptes und der Uhr machte den „Platzjabbeck" zunächst einmal zu einem Memento mori; sie erinnerte die Menschen im Mittelalter optisch und akustisch daran, dass die Zeit vergeht und mit ihr die Jugend.

Gleichwohl ist auch das „Jappen" beim Glockenschlag von symbolischer Bedeutung, denn mit weit aufgerissenem Mund und nach vorne schnellendem Bart schnappt der Platzjabbeck nach allem, was er kriegen kann. Und mit seinen chamäleongleich in verschiedene Richtungen blickenden Augen sucht er ständig nach Möglichkeiten, sich ein Geschäft unter den Nagel zu reißen. Daher wird der Platzjabbeck als Symbol für die Habgier verstanden.

Er ist aber auch ein Sinnbild für die städtische Freiheit, welche die Gaffeln Ende des 14. Jahrhunderts erlangt hatten. Vielleicht wollten die neuen Herren der Stadt den Patriziern der Häuser Overstolz, Hardefust und Co. bildlich vor Augen führen, wer jetzt das Sagen hat. Der Platzjabbeck wird daher auch gern als Spottfigur gegen die abgedankte Obrigkeit interpretiert.

Wenn Sie das nächste Mal die Glocken am Alter Markt hören nehmen Sie sich etwas Zeit, um den Blick auf den Platzjabbeck zu richten. Die Mittagstunde ist dazu am besten geeignet, denn sobald Stockhausens „Tierkreis"-Melodien verklungen sind, präsentiert der „schwarze Mann am Ratsturm" sein Spiel mit Bart und Zunge gleich zwölf Mal.

9 Uhr	„Die Gedanken sind frei"
12 Uhr	„Tierkreis" von K.-H. Stockhausen
15 Uhr	Kölner Klassiker
18 Uhr	Komposition von J. Offenbach

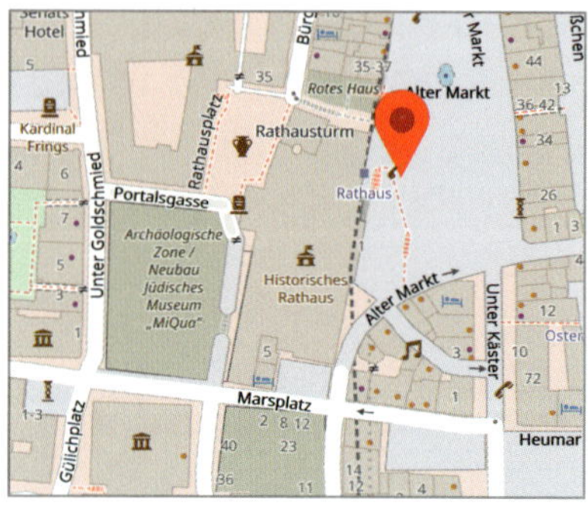

Rathausplatz 2
50667 Köln
(Ratsturm, vom Altermarkt gesehen)

08 | INNENSTADT
PORNO AM RATHAUS

„Obszöne Steinfigur an Kölner Rathaus sorgt für Rätselraten" vermeldete die Online-Ausgabe der „Berliner Morgenpost" am 02.04.2019. Weiterhin stand in dem Artikel zu lesen, dass ein Twitter-Beitrag zu diesem Thema weltweit schon über 38.000 Mal angeklickt worden war. Und in der Tat: Auf den zweiten Blick ist es ganz schön heftig, was an der Nord-West-Ecke des Ratsturms zu sehen ist. Der Stein des Anstoßes entzieht sich ohne ein Fernglas oder ein starkes Kameraobjektiv dem Auge des Betrachters, man muss schon sehr genau hinschauen, um ihn zu sehen. Sie finden ihn, wenn Sie sich über die Bürgerstraße dem Ratsturm nähern.

Im ersten Stock auf Höhe des Saales, in dem im Mittelalter die Ratssitzungen abgehalten wurden, sehen Sie eine Dreiergruppe: am Eck schaut Gerhard von Riele, der erste Dombaumeister, in Richtung seines Meisterwerkes, rechts um die Ecke steht neben ihm eine Figur des Erzbischofs Konrad von Hochstaden. Das gotische Architekturteil vor ihm weist darauf hin, dass er bei der Grundsteinlegung des heutigen Kölner Doms im Jahre 1248 im Amt war. Darüber hinaus hat er sich durch die Verleihung des Stapelrechts um den wirtschaftlichen Aufschwung des mittelalterlichen Kölns verdient gemacht. Wie so viele Erzbischöfe vor und nach ihm hat er aber auch für Ärger mit der Bürgerschaft gesorgt, der so groß wurde, dass Albertus Magnus, der große Kirchenlehrer, zweimal als Schiedsrichter einschreiten musste.

Das Trio wird von dem Patrizier Gerhard Unmaze komplettiert, der seine Großzügigkeit mit einer geöffneten Geldschatulle andeutet.

KONRAD
VON
HOCHSTADEN

Schwer zu finden: das schlüpfrige Männlein am Rathaus

Relativ unbeachtet, zumindest bisher, stehen die Figuren am Ratsturm auf Konsolen, die Blattmotive, Tiere und Menschen ohne Bezug auf die Hauptfigur darstellen. **Mit bloßem Auge ist unter Konrads Füßen zu erkennen, dass uns ein kleines Kerlchen sein entblößtes Hinterteil entgegenhält.** Aus der Nähe betrachtet (siehe Foto) fällt aber auf, dass das Männlein sehr gelenkig ist, und zwar derart, dass es die Liebe an und für sich oral vollziehen kann. Der bekannte Kinsey-Report hat sich bereits 1949 mit dieser Praxis („Auto-Fellatio") beschäftigt und lässt uns wissen, dass nur jeder 400. Mann körperlich in der Lage ist, es der Figur am Ratsturm gleich zu tun.

In der Bildersprache der Steinmetzkunst gehört diese Figur zur Familie der Blecker, und spätestens seit der bekannten Kölner Band „Bläck Fööss" weiß jeder, dass bleck bzw. bläck für „nackt" steht. **Die offizielle Bezeichnung für die Figur ist „Kölner Spiegel",** der Dargestellte sieht die Welt aus seiner Position auf dem Kopf und verspottet sie auf diese Weise.

Die Konsole wurde zwar erst 1964 gefertigt, aber sie ist keine Erfindung unserer Tage; als Vorlage diente eine um 1410 entstandene Bauplastik. Damals konnten die meisten Leute nicht lesen, so dass Kirche und Obrigkeit den Menschen durch Skulpturen und Bilder (denken Sie an die Kirchenfenster) erklären mussten, was sie zu tun und zu lassen hatten. In diesem Fall wurde mit dem Autofellaten eine der sieben Todsünden, nämlich die der Wollust, angeprangert.

Eine andere Bedeutung dieses zu seiner Zeit sehr beliebten Motivs kommt von Ulrich Krings, dem ehemaligen Kölner Stadtkonservator: „Dabei ging es darum, der Obrigkeit quasi den Arsch hinzuhalten. Mit derber, zur Schau gestellter Sexualität sollte gezeigt werden, dass einem die Moral- oder auch Ordnungsvorstellungen der Obrigkeit wurscht waren".

Übrigens: Der „Kölner Spiegel" ist nicht das einzige „schlüpfrige" Symbol am Ratsturm. So findet sich unter der Figur des früheren Reichskanzlers Wilhelm Marx ein „Kackesel" und die Darstellungen der als Hexe verbrannten Katharina Henot und des Buchdruckers Ulrich Zell stehen auf „Kallendressern". Der berühmteste Vertreter dieser Familie wiederum ist am Haus „Zum Hahnen" am Alter Markt zu finden und so bekannt, dass wir ihn hier außen vor lassen können.

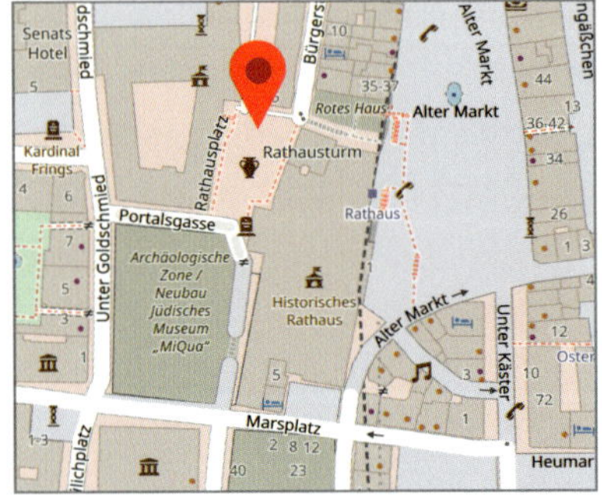

Rathausplatz 2
50667 Köln
(Ratsturm, Nord-West-Ecke)

09 | INNENSTADT
DER RAUCHENDE PUTTO

Gegenüber dem Stammhaus des Eau-de-Cologne-Herstellers Farina steht ein Brunnen, auf dessen Spitze ein kleiner Nackedei thront, dem wir eigentlich die Ohren langziehen sollten. Dass er sich bester Laune bei vehementem Paukenspiel austobt regt in einer Stadt, wo „se all` parat stonn, wenn dat Trömmelche jeit", niemanden auf. Wir nehmen auch keinen Anstoß daran, dass er splitternackt ist, das ist Putto-Style, also völlig normal. Was gar nicht geht für einen Vertreter seines Alters ist die Pfeife, an der er genüsslich mit vollen Backen zieht. Starker Tobak – im wahrsten Sinne des Wortes. Zu seiner Ehrenrettung muss aber gesagt werden, dass er dies nicht ganz freiwillig tut, wie Sie später sehen werden.

Schauen wir uns einmal genauer an, was es mit diesem Ausbund an Lebensfreude auf sich hat. **Er ziert die Spitze des „Fastnachtsbrunnens" am Gülichplatz.** Der Name des Platzes erinnert an Nikolaus Gülich, den „Kölnischen Rebell" (so ein Romantitel von Herbert Sinz), der sich gegen das gegen die Vetternwirtschaft und Vorteilsnahme der führenden Amtsträger im 17. Jh. auflehnte, aber nach eigenen Verfehlungen und auf kaiserlichen Druck hingerichtet wurde. Die Nachbildung seines Kopfes aus Bronze stand, von einem Schwert durchbohrt, als Mahnung bis zur Franzosenzeit an der gleichen Stelle wie der heutige Brunnen.

Der bronzene Wasserspeier, von dem hier die Rede ist, wurde 1913 von Kommerzienrat Franz Ulrich Hagen gestiftet. Er erinnert an ein Ereignis, welches zwar schon etwas zurücklag, aber 1825 für die Kölner Karnevalisten wie ein

Haut mächtig auf die Pauke: der Putto auf dem Fastnachtsbrunnen

Ritterschlag war: **Johann Wolfgang von Goethe,** der „Altvater der deutschen Dichtkunst", hatte auf Wunsch des zwei Jahre zuvor gegründeten „Festordnenden Comitès der Cölner Lustbarkeiten", dem Vorgänger des heutigen „Festkomitee Kölner Karneval", für die Session 1825 ein äußerst wohlmeinendes Gedicht über den Kölner Karneval verfasst. Das Werk trug den Namen „Der Cölner Mummenschanz", besonders die vierte Strophe hatte es den Jecken angetan.

„Löblich wird ein tolles Streben
Wenn es kurz ist und mit Sinn;
Dass noch Heiterkeit im Leben
Gibt besonnenem Rausch Gewinn."

Da konnte es nicht ausbleiben, dass Georg Grasegger, der viele Jahre später den Brunnen entworfen hat, diese Zeilen am oberen Rand des Beckens verewigte. Der Künstler stammt, wie der Name vermuten lässt, aus dem Süddeutschen, genauer aus Garmisch-Partenkirchen, er hat nach dem Studium in München aber in Köln gelebt und gewirkt. Einige seiner Kunstwerke sind auch heute noch im öffentlichen Raum zu finden. Seine Vielseitigkeit bewies er jedoch auch mit Entwürfen für Grabmäler auf dem Kölner Friedhof Melaten und die der Anfertigung figürlichen Schmucks für das Brauhaus Früh.

Das Becken des Brunnens, von den Kölner mit ihrem Hang zu Spitznamen und Spottbezeichnungen schnell als „Wäschbütt", „Spölbütt" oder „Stadtrots-Badewann" tituliert, wird dominiert von karnevalistischen Motiven. Es ist mit „Typen und Episoden aus dem Kölner Leben" verziert, wie die Zeitschrift „Die Plastik" in ihrer Maiausgabe 1911 vermerkt. Im Detail sind das u.a. ein „kölscher Klut" (ein „Rhingroller" = Hafenarbeiter, ein im Karneval sehr beliebtes Kostüm), ein Grielächer (= ein fröhlicher Spötter), ein „Funk" (= ehemaliger Stadtsoldat) und eine weibliche Maske. Ergänzt wird das Figurenensemble von vier tanzenden Paaren der „Hilligen Knechte und Mägde".

Vielleicht ist „dat Wasser vun Kölle" immer noch oder wieder joot, aber zumindest ist es ziemlich kalkhaltig. Nur mit Mühe sind die Buchstaben der Inschrift zu entziffern, und die Figuren präsentieren sich zum Teil in der aparten Zweifarbenkombination grünspangrün und kalkweiß.

Eine Spindel mit wasserspeienden Fischen lässt den Brunnen auch heute noch in die Höhe ragen, aber ursprünglich war diese nicht von dem Pfeife rauchenden

Der Fastnachts-
brunnen gestern
(rechts) und
heute (oben)

Krakeeler gekrönt, sondern von einem reichsstädtischen Doppeladler. Auf dem historischen Foto rechts können Sie ihn ganz oben auf der Spitze erkennen. Soviel zur Vorgeschichte; kümmern wir uns jetzt wieder um den Protagonisten dieser Geschichte.

Nach dem Ersten Weltkrieg wurden drei der Grundstücke an diesem Platz von den Trierer Zigarettenfabrikanten Heinrich und August Neuerburg erworben. Erst seitdem prangt ihr Name („Haus Neuerburg") an der Fassade des zwischen 1921 und 1923 errichteten dreigeschossigen Gebäudes. **Hier wurden damals so bekannten Zigarettenmarken wie „Overstolz", „Güldenring" und „Ravenklau" produziert.** „Haus Neuerburg" entwickelte sich in dieser Zeit zu einem Marktführer auf dem an Konkurrenz nicht gerade armen deutschen Markt.

Der Fastnachtsbrunnen, der sich jetzt vor dem Geschäfts- und Produktionsgebäude von „Haus Neuerburg" befand, hatte im Ersten Weltkrieg ebenfalls Schaden genommen: Vor allem den Reichsadler auf der Spitze der Spindel hatte es getroffen. Da er nicht mehr zeitgemäß war, musste er anderweitig ersetzt werden. 1924 legte Georg Grasegger erneut Hand an sein eigenes Werk, was die zweite Jahreszahl („1913/1924") auf der Plakette am Brunnen erklärt. Er hatte die Idee, einen Putto auf die Spitze zu setzen, und zwar einen „kölschen Lotterbov" als lokale Version. „Haus Neuerburg" erklärte sich bereit als Stifter aufzutreten, allerdings sollte diese noble Geste für jedermann sichtbar sein. Wer zahlt, bestimmt, und deshalb wurde der kleine Bube als Werbeträger zum Pfeifenraucher. Seien wir also nachsichtig mit ihm, er macht nur seinen Job, wie wir jetzt wissen.

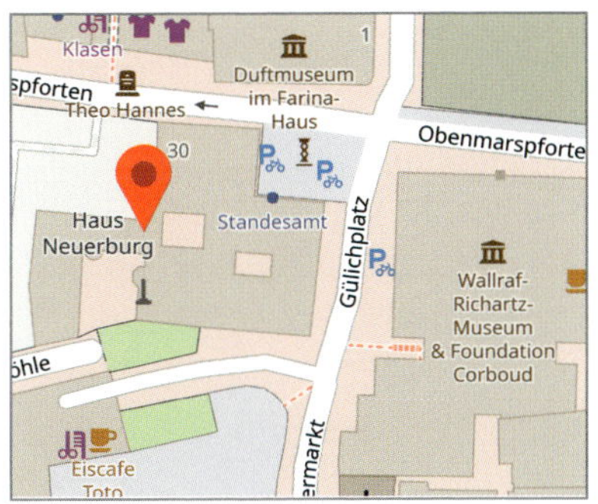

Fastnachtsbrunnen
Gülichplatz
50667 Köln

10 | INNENSTADT
DER NACKTE KAISER VON KÖLN

An der Hohenzollernbrücke sitzen gleich vier Kaiser hoch zu Ross, und am Heumarkt reitet der preußische König Friedrich Wilhelm III. stadtauswärts Richtung Potsdam. Was kaum jemand weiß: Auch an einem Geschäftshaus in der Brückenstraße 17 hat man einem Kaiser ein „Denkmal" gesetzt. Sie finden es zwischen der Nord-Süd-Fahrt und der Hohe Straße schräg gegenüber dem Diözesan-Museum St. Kolumba.

Das erste Gebäude an dieser Stelle wurde 1912 errichtet und diente als Geschäftslokal des Modehauses S.J. Salomon. Im Zweiten Weltkrieg wurde es bei der Bombardierung der Kölner Innenstadt zerstört. Der Wiederaufbau erfolgte in den 1950er Jahren, eine 1988 beendete Renovierung zeigt den heutigen Zustand. Erneut hielt die Bekleidungsbranche mit der „Kölner Modeunion" Einzug, und bis heute wird hier exklusive Mode angeboten.

Mit viel Liebe zum Detail haben die damaligen Architekten das Mode-Thema in die Gestaltung der Fassade eingepasst. Sie ließen sich dabei von dem dänischen Schriftsteller Hans Christian Andersen und seinem Märchen **„Des Kaisers neue Kleider"** inspirieren. Jede der sechs Säulen, die der Gliederung der Fassade dienen, wird auf Höhe des ersten Stockwerks von einem Motiv aus dieser Kindergeschichte abgeschlossen. Die Skulpturen aus hellem Sandstein sind ein Werk von Wolfgang Binding, der in Köln auch am Ratsturm mit den Figuren von Matthias Overstolz und dessen Sohn Gerhard vertreten ist, beide Mitglieder einer reichen und mächtigen Patrizierdynastie.

Der Kaiser präsentiert seine neuen Kleider.

Das Mädchen deckt den Schwindel auf.

Für alle, denen die Geschichte nicht mehr geläufig ist, kommt hier eine Kurzfassung: Zwei betrügerische Schneider geben vor, so feine Stoffe weben zu können, dass sie nur für besonders gescheite Leute sichtbar seien. Die Gauner streichen die Vorkasse ein und geben lediglich vor, Kleidungsstücke zu fertigen und dem Kaiser zu überreichen, aber in Wirklichkeit war Majestät natürlich nackt. Es war schließlich ein kleines Mädchen, das den Bann brach. „Aber er hat ja nichts an!" rief es entsetzt, zu sehen auf der letzten Szene ganz rechts. Eins wollen wir dem Kaiser zu Gute halten: Wohl wissend, dass er unbekleidet ist, hat er die Sache durchgezogen, und sich nichts anmerken lassen, sicher auch, weil er nicht zugeben wollte, dass er über den Tisch gezogen worden war.

Verweilen Sie ein wenig vor Ort und schauen sich die Szenen an. Sie werden die Schneider erkennen, die ihre Dienste anpreisen, sie sehen die Übergabe des Geldsacks und die Kontrolle der Schneider durch die kaiserlichen Beamten. Und natürlich den Kaiser in seiner ganzen Männlichkeit, denn für uns sind ja, weil wir nicht gescheit genug sind, die fein gewobenen Stoffe unsichtbar. Falls Sie also einmal in diese Ecke kommen: Viel Spaß mit dieser putzigen Erotik im öffentlichen Raum zu Kölle!

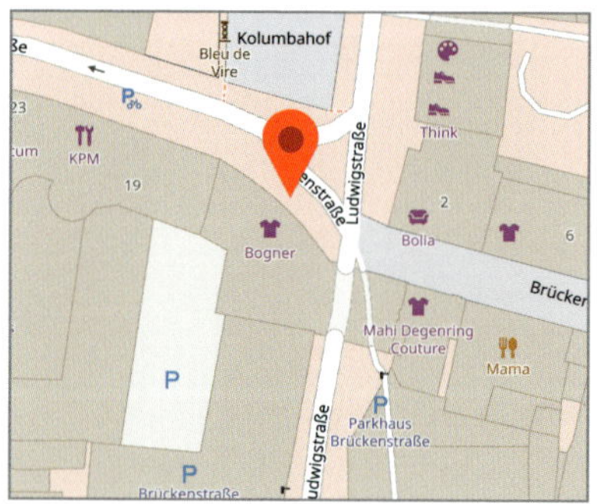

Brückenstraße 17
50667 Köln
(Bogner Moden)

11 | INNENSTADT
DIE „PISSGASSE“

Am südlichen Ende des Heumarktes zwischen dem Brauhaus Zur Malzmühle und dem Gebäude der Handwerkskammer versteckt sich ein vielleicht 50 Meter langes Gässchen. Augenscheinlich wohnt hier niemand, manchmal ist es auf beiden Seiten sogar von schweren Eisentoren verschlossen. Die größte Attraktion sind die Pittermännchen der Brauerei, die hier ordentlich palettiert auf ihren Versand warten. Vielleicht war es ja ein Bierlaster, der das Straßenschild an der Ecke zur Rheingasse angefahren hat. Leicht himmelwärts zeigend, verrät es uns, dass wir uns hier im Börsengäßchen befinden.

Im Mittelalter ging es hier nicht ganz so fein zu. Damals waren die Straßen noch unbefestigt, der ganze Unrat wurde vor die Haustür gekippt und in Ermangelung sanitärer Anlagen landete der Inhalt der Nachttöpfe ebenfalls dort. Besonders schlimm muss der Zustand am Standort dieser Geschichte gewesen sein, denn in der Bevölkerung wurde er nur die „Pissgasse" genannt. Auch mangels eines amtlichen Systems hatten sich Bezeichnungen wie diese durchgesetzt, die meist auf örtliche Gegebenheiten Bezug nahmen. Noch ein Beispiel? Nehmen wir die „Saugasse": Sie führte von der Severinstraße zum Rhein. Durch sie wurden die Schweine zum Weiden in die Rheinauen getrieben; hier wurde also Viehzucht betrieben, daher der Name. Ab 1794 im nun französischen Köln wurde nicht nur das Mittelalter gründlich aus der Stadt gefegt. Auf behördliche Anordnung hatten nun die Kölner selbst den Besen zu schwingen, denn sie wurden verpflichtet, zweimal am Tag vor der eigenen Haustür zu kehren, im wahrsten Sinne des Wortes. Abends mussten sie Laternen aufstellen, denn Köln war zu jener Zeit nach

Das Gässchen mit dem Hinterhof der „Malzmühle“

Großes Schild für ein kleines Gässchen ...

Sonnenuntergang ein finsteres Loch. Als weiterer Versuch, Ordnung in Cologne zu schaffen, wurden alle etwa 7.300 Häuser durchnummeriert (die bekannteste Zahl ist die allgegenwärtige „4711"). **An dieser Stelle kommt der Universitätsrektor, Botaniker, Priester und Kunstsammler Ferdinand Franz Walraff ins Spiel.** Er wurde von den französischen Besatzern neben anderen Dingen, wie der Planung des Melatenfriedhofs, mit der Benennung der kölnischen Straßen beauftragt, aber en francais, s'il vous plaît. Da konnte Wallraf gleich zwei Fliegen mit einer Klappe schlagen, denn die alten Bezeichnungen waren ihm ein Gräuel, er war sogar der Meinung, dass Köln sich ihretwegen „vor fremden Ohren schämen müsse". Einige der Straßennamen übersetzte er eins zu eins ins Französische wie die Zeughausgasse (Rue de l'Arsenal, ein zweisprachiges Schild können Sie heute noch am Stadtmuseum sehen) die Krebsgasse (Rue de L'Ecrevisse) oder die Aachener Straße (Chausèe d'Aix la Chapelle). Er nutzte aber auch die Gelegenheit, einige nach seinem Geschmack anstößige Bezeichnungen loszuwerden. So wurde aus der Schmierstraße die „Rue de la Comédie" (heute Komödienstraße) und aus der Kotzgasse die „Rue des Traiteurs" (= Strasse der Feinkosthändler!, heute Kostgasse und Standort des Musical Domes), um nur zwei Beispiele zu nennen. Und aus der eingangs erwähnten „Pissgasse" wurde die vornehme „Passage de la Bourse", das heutige Börsengässchen. Der Name verweist darauf, dass sich am Heumarkt, ganz in der Nähe, mittlerweile das Gebäude der Kölner Börse befand und die Umgebung eine entsprechende Aufwertung erfahren hat.

Ach ja: auch die „Saugasse" ist damals namensmäßig aufgewertet worden: Wallraf nannte sie „Rue des Roses", heute ist es die Rosenstraße …

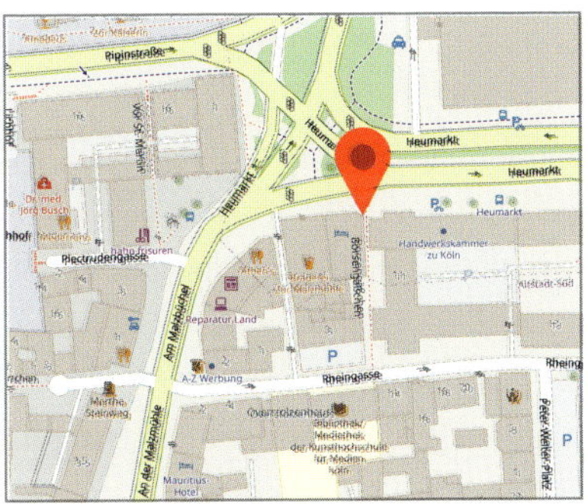

Börsengäßchen
50667 Köln

12 | INNENSTADT
DREI LINDEN STATT 7.000 EICHEN

Haben Sie Lust auf eine Rätsel-Rallye? Dann kommen Sie bitte mit zum Gereonsdriesch, dem kleinen Park neben der Kirche gleichen Namens. Die Aufgabe lautet: Finden Sie drei Kunstwerke!

Da fällt vielleicht als Erstes der auf der Seite liegende Granitkopf des Märtyrers Gereon von Iskender Yediler ins Auge. Gereon war ein römischer Legionär, der sich nach seinem Übertritt zum Christentum weigerte, an den Verfolgungen seiner Glaubensbrüder zu beteiligen. Zur Strafe wurde er enthauptet. Den zweiten Punkt bekämen Sie, wenn Sie die neugotische Mariensäule erkennen. Der Entwurf stammt von Dombaumeister Vincenz Statz, die Ähnlichkeit zur Architektur der Kathedrale ist unverkennbar. Mehr Kunst ist da auf Anhieb nicht zu sehen, aber vielleicht wundern Sie sich, warum gleich neben dem Gehweg drei kleine Basaltsäulen eingegraben sind. Genau die hätten Ihnen den dritten Wertungspunkt eingebracht, **denn Sie stehen vor einem Werk des berühmten Künstlers Joseph Beuys.** Kein Schild weist auf die Bedeutung dieser merkwürdigen Anordnung hin, gleichwohl ist sie der bescheidene Kölner Anteil an einem Riesenkunstwerk des Düsseldorfer Professors.

Die Geschichte beginnt im hessischen Kassel. Dort findet seit 1955 alle zehn Jahre mit der documenta eine der weltweit größten Ausstellungen für zeitgenössische Kunst statt. 1982, bei der siebten Auflage, stellte Beuys das Projekt „7000 Eichen – Stadtverwaldung statt Stadtverwaltung" vor. Ein Flyer der Stiftung 7000 Eichen beschreibt das Kunstwerk wie folgt: „Indem er Bäume – zumeist Eichen, aber auch andere Arten – als lebendige, wachsende Skulpturen mit den mineralisch harten Basaltsteinen kontrastiert, schafft er

Basalt, Baum und Kirche: Beuys-Kunst vor St. Gereon

Reflexionsräume nicht nur für ökologische Aspekte, sondern auch für soziale Bezüge und unseren Umgang mit Natur und gebauter Umwelt."

Jetzt sind derart viele Bäume nicht mal eben gepflanzt, dazu braucht es Zeit, viele helfende Hände und vor allem auch Geld. Für 500 Mark konnten interessierte Kunstfreunde die Patenschaft für einen Baum übernehmen. Joseph Beuys scheute sich auch nicht, für eine japanische Whisky-Marke Werbung zu machen; mit dem Honorar von 440.000 Mark konnte die Pflanzung mehrerer Hundert Bäume gesichert werden.

Insgesamt dauerte es fünf Jahre, bis das Projekt realisiert war. Genau genommen war es der Zeitraum zwischen der documenta 7 und der documenta 8, in dem die Bäume und Basaltstelen nach und nach in Kassel, teilweise gegen heftigen Widerstand, gepflanzt und aufgestellt wurden.

Der Name der Aktion („7000 Eichen") ist bei genauer Betrachtung übrigens nicht korrekt, sowohl was die Arten der Bäume angeht als auch die Anzahl. Eine Bestandsaufnahme im Herbst 2002 brachte das Ergebnis, dass von 6.959 Bäumen lediglich 3.826 Eichen in die Erde gesetzt worden waren. Zusätzlich kamen 1.086 Eschen, 651 Linden, 549 Platanen, 391 Ahorne, 216 Rot-Apfeldorne, 162 Robinien, 91 Kastanien, sieben Ulmen, sechs Mehlbeeren, sechs japanische Schnurbäume, zwei Hainbuchen, zwei Walnussbäume,

Unscheinbar: die Linden mit den Basaltstelen

ein Ginkgo, ein Lederhülsenbaum sowie ein Tulpenbaum zu der Ehre, Teil eines Kunstwerks zu werden.

Zu besonderen Anlässen wurde „7000 Eichen" auch auf Standorte außerhalb Kassels übertragen. So gibt es einen Ableger mit 23 Bäumen in New York, da das Dia Center for the Arts Joseph Beuys bei seiner Aktivität gesponsert hatte. Im November 1983 wurde in Düsseldorf eine Eiche gepflanzt. Sie war ein Geschenk der Westdeutschen Landesbank zum 50. Geburtstag des damaligen NRW-Wirtschaftsministers Reimut Jochimsen.

Die Außenstelle Köln folgte zwei Jahre später im Rahmen der Ausstellung „RAUM ZEIT STILLE", die zum „Jahr der romanischen Kirchen" vom 23. März bis 2. Juni 1985 stattfand. Die Pflanzaktion in Kassel war zu diesem Zeitpunkt bereits mit dem 4.500sten Baum, einer Esche, auf der Zielgeraden. Joseph Beuys war unter den ausstellenden Künstlern, und er nutzte seinen Besuch in Köln, um seine drei Linden nebst Basaltstelen vor den Chor von St. Gereon zu setzen.

Wenn Sie schon hier sind, noch ein kleiner Tipp: Gehen Sie einmal in die Kirche St. Gereon hinein. Sie betreten einen ovalen Raum, der rechts und links je vier hufeisenförmige Nischen aufweist. Diese waren Teile eines Memorialbaus, der für eine nicht näher bekannte römische Persönlichkeit im 4. Jahrhundert erbaut wurde. Heute ist es der einzige oberirdische Raum aus römischer Zeit, den Sie in Köln noch betreten können. Und die um 1220 gebaute, mit goldenen Mosaiksteinen verzierte Kuppel war zum Zeitpunkt ihrer Fertigstellung der größte freitragenden Kuppelbau nördlich der Alpen.

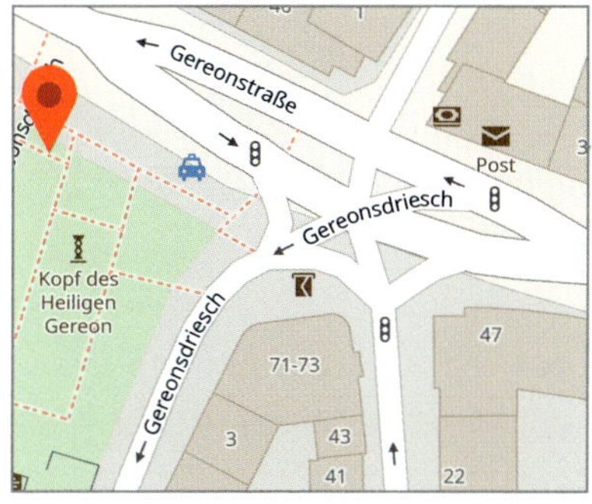

Gereonsdriesch
50670 Köln

13 | INNENSTADT

MAHNMAL UND RUHEORT – DER FRIEDHOF BEI ST. GEORG

Mitten in Köln gibt es einen Ort, der an Menschen erinnert, die nach ihrem Tod in einer unfassbaren Konstellation zusammengefunden haben. Täter und Opfer, Gejagte und Verfolger, Gestapo-Leute und Ordensfrauen, Deutsche, Ukrainerinnen, eine Italienerin – sie alle sind gemeinsam begraben auf einem Friedhof, den es eigentlich gar nicht geben dürfte. Er liegt versteckt auf der linken Seite des Eingangs der romanischen Kirche St. Georg am Waidmarkt in Köln. Er ist zugänglich durch eine Tür mit einer von feinen Drähten durchzogenen Glasscheibe. Sie verschafft dem Besucher Zugang zu einem kleinen Hof, in dem heute Steinplatten und ein antiker Sarkophag aus rotem Sandstein an die Ereignisse erinnern, die sich in den letzten Tagen des Zweiten Weltkriegs in diesem Teil Kölns zugetragen haben.

Den Umständen dieser Zeit und der Initiative von Prälat Karl Boskamp ist es zuzuschreiben, dass aus einem Garten, der nur wenige Jahre zuvor als Rückzugsort und zur geistigen Besinnung angelegt worden war, zur Ruhestätte für einundzwanzig Opfer des letzten und gleichzeitig schwersten Bombenangriffs auf Köln wurde. Seine Aufzeichnungen aus dieser Zeit ermöglichen es uns heute zudem, die Schicksale hinter den nüchternen Angaben der Gedenksteine zu ergründen.

Der kleine Hof ist von Mauern umgeben und von außen nicht einsehbar. In mit Kreuzen geschmückten Nischen sind kleine Mosaiken angebracht, die den Leidensweg Christi darstellen. Die Gestaltung des heutigen Friedhofs

Grabstein der ukrainischen Zwangs-arbeiterinnen

Ein Ort der Stille mitten in der Stadt: der Friedhof bei St. Georg

Der Sarkophag von Pfarrer Heinrich Fabry

In italienischer Sprache: Grabplatte von Rosalia Bulfoni

und die Anlage der Steinplatten erfolgte unter Federführung der Kriegsgräberfürsorge. Der größte Teil des Bodens ist mit hellem Kies belegt, in den die Grabsteine eingebettet sind. Zwei Bänke laden den Besucher ein, zu entspannen und den Geräuschen der Stadt zu lauschen, die bis hierher vordringen. Doch der leicht erhöht stehende rote Steinsarkophag weckt sofort das Interesse des Betrachters. Er stand schon in weit friedlicheren Zeiten hier, und Heinrich Fabry, der 1943 Pastor in St. Georg war, hatte einmal den Wunsch geäußert, in diesem steinernen Sarg bestattet zu werden. Sein frommer Wunsch sollte auf dramatische Art und Weise Wirklichkeit werden.

Am 2. März 1945 hatte es gegen 10:00 Uhr Fliegeralarm für den letzten von 262 Luftangriffen gegeben, den die Domstadt über sich ergehen lassen musste. Mehr als 800 Lancaster-Bomber der Royal Air Force verdunkelten an einem klaren Tag den Himmel über Köln mit dem Ziel, die Stadt sturmreif zu schießen. In einer guten halben Stunde warfen sie auf das Stadtzentrum mehr Bomben ab als bei jedem der anderen Angriffe zuvor. Das Trümmerfeld Köln wurde noch einmal regelrecht umgepflügt. St. Georg war bis zu diesem Tag die einzige Kirche in Köln, in der noch Messen zelebriert werden konnten. Auch sie wurde in Schutt und Asche gelegt. Die in der Stadt verbliebenen Menschen suchten Schutz in ihren Kellern, auch der Pfarrer der Gemeinde, Pastor Heinrich Fabry. In seinem Nachbarhaus schlug jedoch eine Bombe bis in die unteren Geschosse durch, dabei löste sich ein Stein und traf den Geistlichen tödlich im Nacken.

Der beliebte Pastor und die vielen anderen Opfer der letzten Kriegstage konnten jedoch auf keinem der städtischen Friedhöfe begraben werden, da diese nicht mehr erreichbar waren. Eigentlich hätten sie dort bestattet werden müssen, da seit der Zeit der französischen Herrschaft, genauer aufgrund eines napoleonischen Dekrets von 1804, die Zuständigkeit für Bestattungen auch in Köln in den Händen der Kommune lag. In der katastrophalen Situation des kurz vor dem Ende stehenden Kriegs beschlossen Prälat Boskamp und einige Gemeindemitglieder, das Gärtchen neben der Kirche zur vorläufigen letzten Ruhestätte zu machen und so neben den Trümmern von St. Georg die mittelalterliche Tradition des Kirchhofs wieder aufleben zu lassen. Pfarrer Fabry wurde noch am Abend des 2. März 1945 in dem roten Sarkophag zur letzten Ruhe gebettet, andere Opfer, die in den umliegenden Straßen und Kellern gefunden wurden, folgten.

Notgedrungen wurden sie ohne Sarg beerdigt, die Grabstellen wurden mit selbst gezimmerten Kreuzen und Namensschildern versehen.

Zwei Gemeinschaftsgräber, die das gleiche Schicksal verbindet, finden Sie in der Reihe direkt vor der Außenmauer von St. Georg. Auf einem der flachen Grabsteine sind die Namen von vier Frauen vermerkt mit dem Hinweis: „Beim letzten Angriff am 2.3.1945 forderte Gott das Opfer ihres Todes." Sie lebten und arbeiteten als Ordensschwestern im Kloster „Unserer Lieben Frau" in der benachbarten Weberstraße. Bei dem verheerenden Angriff wurden sie verschüttet und konnten erst nach Tagen ausgegraben werden. Das gleiche Schicksal teilten drei junge Ukrainerinnen, die auf der anderen Seite bestattet worden sind. Sie waren als Zwangsarbeiterinnen nach Deutschland verschleppt worden und hatten bei den Schwestern in der Weberstraße Zuflucht gefunden.

Einer der Grabsteine trägt nur den Namen „Herr Rede". Mehr ist über diesen Verstorbenen nicht bekannt, der in der zerstörten Kirche unter der Orgel gefunden worden war und bei seinem Auffinden noch lebte. Prälat Boskamp konnte ihn noch mit den Sterbesakramenten versehen, dann erlag er seinen Verletzungen.

Die Italienerin Rosalia Bulfoni war in ihrem Haus noch lebend unter vier Toten gefunden worden. Ihr Mann hatte fünf Stunden nach ihr gegraben, um sie vom Schutt zu befreien. Aber auch hier kam jede Hilfe zu spät, auch hier begleitete Prälat Boskamp die Sterbende auf ihrem letzten Weg. Erschütternd ist der Grabspruch in italienischer Sprache: „Hier ruht in Frieden Rosalia Bulfoni, ausgegraben von ihrem untröstlichen Gatten, nach martervollen Leiden wiederbegraben von ihm selbst zum Wiedersehen im Himmel."

Das Grab von Walter Preusz ist nur mit dem Todesdatum und einem auffälligen Stahlhelm versehen. Er ist der einzige Soldat unter den hier Begrabenen. Sein Schicksal ereilte ihn, als am 6. März 1945 die Amerikaner in Köln einrückten. Er wurde, von einer Kugel getroffen, auf dem Perlengraben gefunden.

Auf ein weiteres Gemeinschaftsgrab stoßen Besucher gleich beim Betreten des Friedhofs. Es trägt die Namen von drei Angehörigen der Geheimen Staatspolizei (Gestapo), und es erscheint auf den ersten Blick unverständlich, dass Angehörige einer Organisation, die für den Nazi-Terror schlechthin steht, gemeinsam mit den Opfern ihrer Herrschaft auf einem christlichen Friedhof beerdigt wurden. Sie waren Teil einer Gruppe, die sich auf dem Weg von Polen in das KZ Buchenwald am Fleckfieber angesteckt hatte. Die Erkrankten wurden in einem zum Lazarett umfunktionierten Bunker am Georgsplatz von Vinzentinerinnen gepflegt und dort von Prälat Boskamp täglich besucht. Daher kannte er die Gruppe, und er kam seinen eigenen Aufzeichnungen zufolge zu der Erkenntnis, dass es sich auch bei den Gestapo-Leuten um „erbarmungswürdige Menschen" handelte. Drei von ihnen starben, einer erhielt von Prälat Boskamp die Sterbesakramente. Als in der Nacht vom 5. auf den 6. März 1945 eine Kompanie deutscher Soldaten auftauchte, immer noch bereit, Köln „bis zum letzten Mann zu verteidigen", brachte Prälat Boskamp sie nicht nur dazu, die Kampfhandlungen einzustellen, sondern auch die Bestattung der drei Verstorbenen vorzunehmen.

Karl Boskamp wurde 1945 Nachfolger von Heinrich Fabry an St. Georg und war bis 1983 Pfarrer der Gemeinde. Ihm wurde die Ehre zuteil, ebenfalls auf dem Friedhof bei St. Georg seine letzte Ruhestätte zu finden. Es war ihm ein großes Anliegen, dass aus dem Garten neben seiner Kirche nicht nur ein Begräbnisort, sondern auch eine Stätte des Friedens wurde.

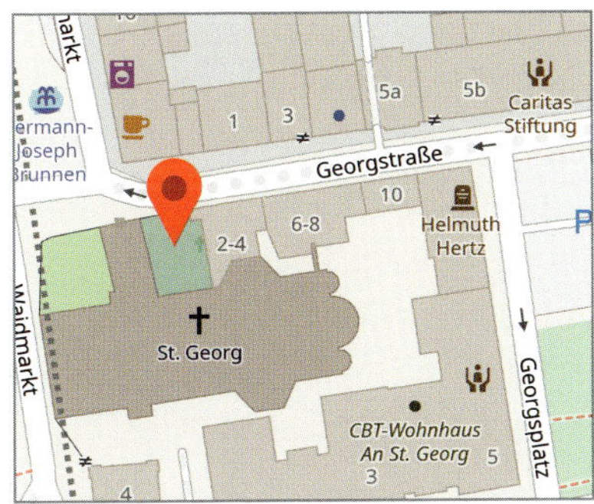

Kath. Kirche St. Georg
Georgsplatz 17
50676 Köln

14 | INNENSTADT
DIE ETWAS ANDERE AUTOSTADT

„Autostadt Köln" titelte der „Kölner Stadtanzeiger" im Januar 2020 und erinnerte an die mehr als hundertjährige Tradition der Domstadt im Bereich des Motoren- und Fahrzeugbaus. Schließlich entwickelte Nicolaus August Otto in Deutz den Viertaktmotor, der sich weltweit durchsetzen sollte. Dabei gingen ihm die später sehr erfolgreichen Ingenieure Gottfried Daimler, Wilhelm Maybach und Ettore Bugatti zur Hand. Auch August Horch (Sie wissen schon: lateinisch lautet der Nachname „Audi"...) machte in Köln, genauer in Ehrenfeld, seine ersten Gehversuche. Die Firmen Scheele und Hagen bauten Fahrzeuge, die heute aktueller denn je wären, sich aber Anfang des 20. Jahrhunderts nicht etablierten: Sie hatten auf Elektromobilität und damit noch aufs falsche Pferd gesetzt. Das Flaggschiff dieser Branche in Köln sind die Ford-Werke, die bis heute in Niehl produzieren. Zu den Ikonen aus dem Hause dieses Herstellers zählen der Capri und der Fiesta. Citroën baute immerhin bis 1935 in Köln-Poll Autos oder, bessergesagt, setzte sie dort zusammen, denn die Teile dafür kamen aus Frankreich.

Der hohe Stellenwert von Köln als Stadt der Kunst ist durch berühmte Sammler wie Walraff und Boisseré sowohl zahlreiche Museen und Galerien begründet. Namhafte Künstler wie Gerhard Richter und Markus Lüppertz haben Kirchenfenster gestaltet, von Andy Warhol können Sie mit Diamantstaub versetzte Siebdrucke des Kölner Doms erstehen.

Das „Flügelauto" vor der Dom-Kulisse

Kölner Autokunst: Ford Fiesta mit goldfarbenen Flügeln und der Opel Kapitän, Baujahr 1960 in der Betonschale

Auf der Suche nach neuen Ausdrucksformen haben sich drei Künstler in Köln des Objektes „Auto" angenommen. Sie sind in großer Höhe und abseits ausgetretener Pfade zu finden und bilden die Bindeglieder zwischen diesen beiden auf den ersten Blick so unterschiedlichen Welten.

Der populärste Vertreter der Kölner „Kunst"-Autos steht auf dem Turm des Kölner Stadtmuseums, welches Sie auf einer schmalen, langgezogenen Insel zwischen der Zeughausstraße (stadtauswärts) und der Straße „Burgmauer" (stadteinwärts) finden. Wenn Sie den Kopf weit genug in den Nacken legen, können Sie den **„Goldenen Vogel"** sehen, einen **Ford Fiesta,** der frisch vom Band gelaufen, den Weg nicht auf die Straße fand, sondern von dem **Aktionskünstler HA Schult** für seine Performance „Fetisch Auto" im Jahr 1989 einem Tuning der besonderen Art unterzogen wurde. Nach der kompletten Entkernung des Innenraums wurde er mit goldfarbenen Flügeln aus Polyurethan versehen, die ihm die imposante Spannweite von etwa 10 Metern verleihen. Damit er nicht beim ersten Windstoß von seinem Sockel fliegt wurden im Motorraum 1,2 t Eisenbahnschienen verbaut. Alles in allem bringt es der Kleinwagen als Kunstwerk auf ein Gewicht von 4 Tonnen!

Für „Fetisch Auto" hatte Ford ein Dutzend Fiestas plus Bargeld in sechsstelliger Höhe zur Verfügung gestellt. Die Autos wurden verfremdet, auseinandergenommen oder per Hubschrauber um den Kölner Dom geflogen. Als teuerstes Exponat wurde einer der Fiestas in einem Kühlhaus schichtweise eingefroren; die Kosten für dieses Unterfangen beliefen sich auf 100.000 DM. Für die Auto-Aktion wurde er auf der Domplatte in Szene gesetzt und tropfte während der drei Tage dauernden Aktion friedlich vor sich hin. Für den „Macher" HA Schult war dies „der kostspieligste Eiswürfel, der jemals ausgelutscht wurde".

Der **„Flügel-Fiesta"** wurde zunächst auf dem Turm des Stapelhauses an der Rheinpromenade platziert. Am 25.4.1991 landete er gegen heftigen Widerstand des damaligen Regierungspräsidenten Franz Josef Antwerpes auf dem Turm des Stadtmuseums – genau gegenüber dem Büro des Regierungspräsidenten. Mittlerweile ist per Sondergenehmigung die dauerhafte Aufstellung an diesem Standort gesichert.

Zweimal wurde der geflügelte Fiesta seitdem abmontiert, um Risse, Rostbefall und Schäden an der Befestigung zu beseitigen. Gleichzeitig wurde er grundgereinigt und neu lackiert. Die Arbeiten führten angehende Autoteilzurichter, so die korrekte Berufsbezeichnung, aus der Lehrwerkstatt der Ford-Werke durch. Der Fiesta hat tatsächlich ein Inspektionsheft, in dem die Durchführung der Serviceleistungen ordnungsgemäß bestätigt ist. Nach Aussage des damaligen Ford-

Chefs Bernhard Mattes wurde dazu bei der letzten Überholung im Jahr 2013 passend zur Fahrzeugfarbe ein goldfarbener Stempel verwendet.

Der zweite Vertreter unserer Geschichte steht an den „Ringen", wie die Kölner ihren Prachtboulevard rund um die Innenstadt nennen. Haben Sie sich beim Warten an einer Ampel am Hohenzollernring schon einmal über einen kantigen, grauen Klotz mit einem vermutlich hohen Luftwiderstand gewundert? Dann haben Sie die **Betonplastik „Ruhender Verkehr" des Happeningkünstlers Wolf Vostell** aus dem Jahr 1969 entdeckt, die 1989 nach einigen stadtinternen Umzügen auf dem Mittelstreifen der „Ringe" ihre endgültige Parkposition erreicht hat.

„Denkmal der Grauen Busse" vor dem Landeshaus des LVR in Köln-Deutz

In der Betonschale versteckt sich seit mehr als 50 Jahren ein Flaggschiff des deutschen Automobilbaus: ein voll funktionsfähiger Opel Kapitän, Baujahr 1960, amtliches Kennzeichen K-HM 175. Die Idee für dieses ungewöhnliche Kunstwerk kam Wolf Vostell, nachdem er zu einer für 1970 geplanten Ausstellung in Chicago mit dem Titel „Concrete Traffic" eingeladen war. Gleichzeitig wollte er ein Statement gegen den zunehmenden Straßenverkehr in Köln und anderen Städten abgeben. Im Oktober 1969 baute Vostell den Prototyp für dieses Projekt: Erst ließ er auf zwei öffentlichen Parkplätzen in der Domstraße eine Bodenplatte gießen, dann folgte die fachmännische Einschalung des Opel Kapitän inklusive Montage der Moniereisen. Das Werk wurde schließlich von einem Betonmischer vollendet, der seine Ladung in die vorbereitete Form entleerte.

Die Aktion fand unter reger Beteiligung der Bevölkerung statt, die Frage nach dem Sinn des ganzen Aufwandes wurde mehrfach gestellt, wie einem zeitgenössischen Video zu entnehmen ist. Ein Passant kommentierte ohne jedes Verständnis: „Das entspringt keinem normalen Geist". Der Ruf nach der Stadtverwaltung erübrigte sich: Sie hatte die Aktion genehmigt und steuerte als Leihgabe sogar noch eine Parkuhr bei.

Wolf Vostells Protest hat leider nichts genutzt, wie wir heute an verstopften Straßen und gefährlich hohen Stickoxidwerten in einigen Kölner Stadtteilen erkennen können. Immerhin wurden die „Kölner Ringe" inzwischen zur „Tempo-30-Zone" erklärt.

Das dritte Auto dieser Reihe kommt auf den ersten Blick lustig daher, denn es handelt sich um einen Bus, ebenfalls aus Beton und sogar an einer Haltestelle geparkt. Sehr originell, eigentlich. Er steht in Köln-Deutz am Rande einer Grünanlage neben dem Landeshaus des Landschaftsverbandes Rheinland und im Schatten des Hyatt-Hotels. An der Infotafel, die am Pfosten des H-Schildes hängt, sind jedoch keine Fahrpläne der Kölner Verkehrsbetriebe ausgehängt; vielmehr erfährt der Leser, dass es sich bei diesem Bus nur vordergründig um ein Kunstwerk handelt. Nach der Realisierung der Informationen weicht der erste unbeschwerte Eindruck einem Gefühl der Beklommenheit und Nachdenklichkeit setzt ein.

Sie stehen hier vor dem **„Denkmal der grauen Busse"**, einer aus vier Segmenten bestehenden Plastik aus Beton, die begehbar ist. In Original-Größe ist die Karosserie eines Mercedes-Benz O 3750 nachgebildet, einem der Fahrzeug-Typen, der für die von Adolf Hitler im Oktober 1939 angeordnete Geheimaktion „T4" in den Jahren 1940/41 genutzt wurde. Diese als „Euthanasie" bezeichnete Tötung von „lebensunwertem Leben" richtete sich gegen psychisch kranke und

Detail im Inneren mit der Inschrift
„Wohin bringt Ihr uns? 1940/1941"

geistig behinderte Menschen. Sie wurde in der Tiergartenstraße 4 in Berlin (daher der Name „T4") organisiert und mit Hilfe der Tarnorganisation GEKRAT („Gemeinnützige Krankentransport GmbH") durchgeführt. Um bei der hochgeheimen Aktion nicht aufzufallen, wurden die ursprünglich rot lackierten ehemaligen Fahrzeuge der Reichspost mit dem heute namensgebenden grauen Tarnanstrich versehen. Dennoch wurde in der Bevölkerung bekannt, wozu die Busse dienten, aber niemand leistete ernsthaften Widerstand. Am Ende kostete die Aktion „T4" 70.000 Männer, Frauen und Kinder das Leben.

Die Hilflosigkeit der Opfer wird ersichtlich aus dem Zitat „Wohin bringt ihr uns?", welches auf der Innenseite des Mahnmals angebracht ist.

Als Rechtsnachfolger des Provinzialverbandes Rheinland hält der Landschaftsverband Rheinland die Erinnerung an diese Geschehnisse wach; ihnen fielen allein im Rheinland 1.951 Menschen zum Opfer. Daher steht das **„Denkmal der grauen Busse" seit 2012 dauerhaft vor dem LVR-Landeshaus in Köln-Deutz. Es wurde 2005 von den Künstlern Horst Hoheneisel und Andreas Knitz entworfen**. Ein weiterer Bus blockiert dauerhaft das historische Tor der ehemaligen Heilanstalt Weissenau in Ravensburg, durch das die Busse das Vernichtungslager verließen, um die Opfer in das Vernichtungslager Grafeneck zu bringen. Als mobiles Mahnmal hält ein dritter Bus bei seiner Reise durch Deutschland die Erinnerung an die damaligen Ereignisse wach.

Weitere Informationen unter **www.dasdenkmaldergrauenbusse.de**

Der Weg zur Autokunst

- Flügelfiesta: Kölnisches Stadtmuseum, Zeughausstraße 1-3, 50667 Köln
- Ruhender Verkehr: Hohenzollernring, auf Höhe des Hauses Nr. 22-24, 50672 Köln
- Der Graue Bus: Hermann-Pünder-Straße, 50679 Köln (vor dem LVR-Landeshaus)

15 | ALTSTADT NORD
EIN KUTTER AM EIGELSTEIN

Eigentlich dürfte es die Eigelsteintorburg nicht mehr geben, wäre es Ende des 19. Jahrhunderts nach den Kölnern gegangen. Die Einwohnerzahl war zwischen 1815 und 1880 von 52.000 auf rund 144.000 Menschen gestiegen, die 700 Jahre alte Festungsmauer verhinderte jedoch eine weitere räumliche Ausdehnung. Die Menschen rückten näher zusammen, vielleicht sogar mehr, als ihnen lieb war. Die Lösung wäre ein Abriss gewesen; dieser Plan scheiterte aber zunächst am Widerstand der damaligen Machthaber aus Preußen. Nach jahrelangen Verhandlungen konnte die Stadt Köln schließlich ihre eigene Stadtmauer für 11,8 Millionen Mark erwerben mit der Absicht, diese umgehend zu entfernen. Die erste Bresche wurde feierlich am 11. Juni 1881 geschlagen. Einer Intervention des preußischen Kulturministers ist es zu verdanken, dass einige Teile der ehemaligen Befestigung aus Gründen des Denkmalschutzes heute noch erhalten sind. Neben dem Severinstor, dem Hahnentor, der Ulrepforte und einigen Abschnitten, die damals in privater Hand waren, zählt auch die Eigelsteinburg dazu. Noch heute vermittelt sie einen Eindruck von der Mächtigkeit dieses Abwehrbollwerks und lässt erahnen, warum Köln über Jahrhunderte nicht angegriffen, geschweige denn eingenommen wurde.

Schauen wir uns das Tor von der Stadtseite an, sehen wir auf der linken Seite eine Darstellung des „Kölschen Boor", der, bewaffnet mit einem Dreschflegel, für die Wehrhaftigkeit der Stadt steht und zu Karneval im Kölner Dreigestirn durch die

Ungewöhnlicher Liegeplatz: der Kutter in der Eigelsteintorburg

Person des Bauern repräsentiert wird. Ein typischer Bezug auf die Stadt Köln und ihre Geschichte, keine Frage. Auf der rechten Seite wird es ungleich schwieriger, eine Verbindung zwischen Ort und präsentiertem Gegenstand herzustellen. Denn etwas im Verborgenen hängt hoch oben in einer Gewölbekuppel ein grau gestrichenes, lädiertes Boot, das am Bug stolz das Wappen der Stadt Köln trägt. Was hat ein Wasserfahrzeug mit einer weit im Binnenland liegenden Stadt wie Köln zu tun? Die tragische Geschichte dahinter passierte vor mehr als einhundert Jahren auf hoher See, gleich zu Beginn des Ersten Weltkriegs.

In der Nordsee kommt es vier Wochen nach Ausbruch des Ersten Weltkriegs zu einem Seegefecht zwischen englischen und deutschen Verbänden. Zur Unterstützung seiner Schwesterschiffe MAINZ, STETTIN, FRAUENLOB und ARIADNE war auch die „CÖLN" am Morgen des 28. August 1914 von Wilhelmshaven aus in See gestochen. **Der Kleine Kreuzer, 1909 bei der Germaniawerft in Kiel vom Stapel gelaufen und 1911 in Dienst gestellt, war das erste von bisher fünf Marineschiffen, die auf den Namen der Domstadt getauft worden sind.** Mit dem Funkspruch „Cöln kommt" kündigte sie den bereits in Kampfhandlungen verwickelten Kameraden ihr Kommen an. Gegen Mittag geriet der Verband unter schweren englischen Beschuss, in dessen Verlauf ein Kutter der „CÖLN", der als Beiboot für Verbindungen im Hafen oder für den Postverkehr genutzt wurde, getroffen und ins Meer geschleudert wurde. Kurze Zeit darauf versank die „CÖLN" in Folge einer heftigen Detonation. Von den 508 Besatzungsmitgliedern hatten etwa 200 Mann den Untergang überlebt, aber starker Nebel machte eine Suche nach ihnen unmöglich. Nach und nach erreichten fünf der Überlebenden das Wrack des Kutters, das beschädigt im Meer trieb. Sie waren aber zu erschöpft oder verletzt, hinzu kamen Hunger und Durst, so dass vier von ihnen für immer auf See blieben. Einzig der Oberheizer Alfred Neumann wurde nach mehreren Tagen von einem Torpedoboot gerettet und nach Helgoland gebracht. Er war der einzige Seemann, der den Angriff auf die „CÖLN" überlebt hat.

Wer war Alfred Neumann? Geboren wurde er im schlesischen Waldenburg. 1911 kam er ins Ruhrgebiet nach Herten, vermutlich, um dort auf der Zeche „Ewald" als Bergmann zu arbeiten. Ab 1913 diente er bei der Marine in Friedrichsort bei Kiel, ein Jahr später wurde er Oberheizer auf der „CÖLN". Nachdem er den Untergang überlebte hatte, kehrte er nach Herten zurück und heiratete 1916 seine Frau Elfriede Ueberall. Im Jahr darauf erblickte Sohn Alfred Adolf Johann Neumann das Licht der Welt. Eine Anwohnermeldekarte belegt, dass Alfred Neumann von 1912 bis 1918 in Herten lebte, folglich war Neumann kein Kölner, wie

Stadtwappen von der „Fregatte Köln“, 1961–1982

Gedenkstein für die Opfer des Untergangs

oft in den Medien behauptet wird. Auch das Schicksal des Kutters, vor dessen Resten Sie an der Eigelsteintorburg stehen, ist bekannt, denn es wurde am 10. September 1914 an den Strand von Norderney angetrieben. Der Inselkommandant, Freiherr von Solemacher-Antweiler, kaufte das Wrack und schenkte es der Stadt Köln, vermutlich wegen der bereits erwähnten Wappen am Bug des Bootes. Für kurze Zeit wurde es im damaligen Neuen Rathaus am Elogiusplatz ausgestellt, im Jahr 1915 ging es in der Eigelsteintorburg vor Anker, erst in der großen Tordurchfahrt, ab 1926 an seinen heutigen Standort im östlichen Turmgewölbe. Am rechten Torbogen ist eine Gedenktafel angebracht, die mahnend an die Ereignisse vom 28. August 1914 erinnert. Im Gedenken an die Opfer legen die in Köln ansässigen Marinekameradschaften am Jahrestag des Ereignisses an dieser Stelle einen Kranz nieder. Gepflegt wird die Anlage vom Freundeskreis Marineschiffe Köln e.V., der das Wrack 2007/2008 restaurieren ließ. Besonders Taubenkot hatte ihm zugesetzt, mittlerweile verhindern Netze eine erneute Verschmutzung.

Die vierte Trägerin des Namens der Domstadt war die Fregatte „KÖLN F220", die 1961 in Dienst gestellt und bis 1982 von der Bundesmarine eingesetzt wurde. Heute liegt sie in Neustadt/Holstein vor Anker und wird als sogenannter „Hulk" (das sind Schiffe, die keinen eigenen Antrieb mehr haben) für Schulungen zur Brandbekämpfung und zur Leckabwehr genutzt. Von der „KÖLN F220" stammt das farbenprächtige Stadtwappen, das an der linken Seite der Gewölbekuppel der Eigelsteintorburg angebracht ist. Früher diente es als Bugzier dieser Fregatte. Auch der Heckanker dieses Schiffes ist hier aufgestellt.

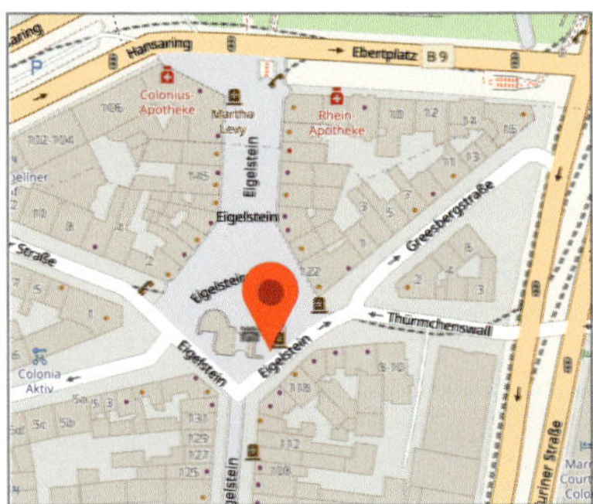

Eigelsteintorburg
50668 Köln

16 | RHEIN
WIE SPÄT IST ES?

Auf den ersten Blick könnten Spaziergänger, Jogger oder Radfahrer vermuten, dass auf diesem Zifferblatt eine Uhrzeit von etwa 9:50 Uhr angezeigt wird. Es gibt tatsächlich einen kleinen und einen großen Zeiger, aber schauen Sie einmal genau hin: Die Zahleneinteilung passt nämlich nicht. Das Zifferblatt einer Uhr ist, allgemein bekannt, in zwölf Abschnitte unterteilt – hier sind es nur 10 (genauer gesagt 0 bis 9).

Die Rheinschiffer auf den Fracht-, Ausflugs- und Arbeitsschiffen hingegen wissen, was die „Uhr" geschlagen hat: Mit ihrer Hilfe berechnen sie, wie viel Wasser sie (noch) unter dem Kiel haben. „PEGEL KÖLN" steht in großen Buchstaben an dem Turm, der zur Bestimmung des amtlichen Wasserstandes in der Domstadt dient. Er steht direkt am Rhein bei Kilometer 688, nur wenige Meter unterhalb der Deutzer Brücke.

Selbstverständlich ist der Pegelstand in Köln heute auch jederzeit online verfügbar. Die „ELWIS"-Webseite der Wasserstraßen- und Schifffahrtsverwaltung des Bundes veröffentlicht um 5 Uhr, um 13 Uhr sowie um 21 Uhr die Stände von insgesamt 22 Stationen. Der Vorteil von **Pegel Köln**: Hier wird permanent gemessen und angezeigt. Und wer die Anzeige zu lesen weiß, kann sich hier über das aktuelle Rheinniveau informieren. Der Mittelwert des Pegelstandes liegt in Köln bei 3,23 Metern. Interessant für die Berufsschifffahrt sind aber vor allem die Extreme nach unten und oben: Bei Niedrigwasser müssen die Schiffsführer die Lademenge einschränken, um nicht auf Grund zu laufen. Ab der Hochwassermarke I (6,20 Meter Kölner Pegel) sind sie verpflichtet, die Geschwindigkeit zu-

Bei Rheinkilometer 688: der Pegel Köln und sein „Zifferblatt"

Vermeidung von Uferbeschädigungen zu reduzieren. Bei Erreichen der Hochwassermarke II (8,30 Meter Kölner Pegel) wird die Schifffahrt eingestellt.

Im Sommer 2018 fiel der Pegelstand bei Köln auf seinen bisher niedrigsten Wert. Am 23. Oktober desselben Jahres wurden nur noch 69 Zentimeter gemessen. „Ganz schön wenig", werden Sie jetzt vielleicht denken, aber für die Schifffahrt hat das dennoch locker gereicht. Denn der Messpunkt liegt nicht auf dem

Grund der Hauptfahrrinne, sondern etwa einen Meter höher in der Nähe des Ufers. Mit anderen Worten: Wo die Schiffe gefahren sind lag der Pegel bei akzeptablen 1,69 Metern. Der höchste Wasserstand in Köln wurde mit 13,55 Metern bei der „Eisflut" im Februar 1784 gemessen; darüber lesen Sie mehr an anderer Stelle.

Doch was passiert, wenn der Rhein über die Ufer tritt? Der Hochwasserschutz sieht heute so aus: Hält das Wasser sich nicht an die von Menschen gewünschten Beschränkungen, werden an der Promenade in der Innenstadt Spundwände aus Metall aufgestellt. Die Platten zur Aufnahme der Verschraubungen können Sie entdecken, wenn Sie aufmerksam an der kleinen Mauer vor der Häuserreihe entlanggehen. In den Jahren 1993 und 1995 waren sie aber noch nicht hoch genug. Hochwassermarken in der Straße Buttermarkt belegen Wasserstände von 10,63 Metern bzw. 10,69 Metern. Mittlerweile wurde der Schutz weiter verbessert: Jetzt kann der Rhein bis auf 11,30 Meter ansteigen, ohne in der Innenstadt Schäden anzurichten.

Zum Schluss verrate ich Ihnen noch, **wie der Pegel richtig abgelesen** wird: Schauen Sie dazu noch einmal auf das Foto am Anfang dieser Geschichte. Es wurde bei einem Hochwasser am 7. Januar 2018 aufgenommen. Der große Zeiger steht auf der „8" und gibt die Meter an, der kleine auf der „5" für die Zentimeter. Die Antwort lautet also: 8,50 Meter. Die Hochwassermarke II war somit überschritten, die Uferpromenade in Köln überflutet und gesperrt.

Jetzt wissen Sie, wie die vermeintliche Uhr funktioniert und können selbst den Rheinpegel bestimmen, wenn Sie einmal an ihr vorbeikommen.

Pegel Köln
Frankenwerft
50667 Köln
(bei Rhein-Kilometer 688)

17 | RHEIN
SPUREN EINER KATASTROPHE

Die romanische Kirche St. Maria Lyskirchen, schräg gegenüber dem Schokoladenmuseum in Rheinnähe gelegen, ist gleich zweimal von der Zerstörung verschont geblieben: Im Krieg wurde sie nur leicht beschädigt, während ringsherum alles in Schutt und Asche lag. Außerdem hat sie hat die schlimmste Hochwasserkatastrophe des Rheinlandes überstanden. Wie sonst ist es zu erklären, dass über dem Haupteingang die „Rheinhöhe 28. Febr. 1784" vermerkt ist. Und der graue Strich darunter ist kein Deko-Element, sondern veranschaulicht, wie hoch das Wasser des zur Gefahr gewordenen Stroms an diesem Tag gestanden hat. Umgerechnet auf den heutigen Pegel, entspräche diese Markierung einem Wasserstand von 12,60 Metern bzw. dem höchsten Wert, der je in Köln registriert wurde.

Was war geschehen? Der eiskalte Winter 1783/84 war das Resultat eines Vulkanausbruchs ein Jahr zuvor auf Island. Durch die Eruption des Laki gelangten giftige Gase, Asche sowie Schwefelverbindungen in riesigen Mengen in die Atmosphäre, die massiven Einfluss auf das Wettergeschehen in Mitteleuropa hatten. Die Temperaturen sanken auf minus 10 Grad Celsius bis minus 20 Grad Celsius ab, selbst große Flüsse wie der Rhein und die Elbe froren zu. Ab dem 25. Januar 1784 war der Rhein auf Höhe der Domstadt von einer dicken Eisschicht überzogen. Zeitgenössischen Berichten zufolge machten sich anfangs viele Kölner den Spaß, kalten, aber trockenen Fußes nach Deutz und zurück zu gehen, ohne sich der großen Gefahr bewusst zu sein. Heute würden Glühweinbuden errichtet und Bratwürstchen angeboten, damals waren es Wein, Branntwein und Wecken.

Westeingang St. Maria Lyskirchen

Der Pegelstand über dem Eingangstor von St. Maria Lyskirchen

Hochwassermarke an der „Elendskirche“

Die Eisdecke besaß eine Dicke von drei Metern, warum sollte sich das fröhlich feiernde Volk Sorgen machen?

In den letzten Februartagen des Jahres 1784 änderte sich das Wetter jedoch dramatisch: Die Temperaturen stiegen an, Tauwetter setzte ein, hinzu kamen starke Regenfälle. Die Folge war ein außergewöhnlich hoher Wasserstand, der dazu führte, dass die Eisdecke aufbrach. **Am 27. Februar 1784 begann dann die eigentliche Katastrophe:** Die meterdicken und tonnenschweren Eismassen setzten sich in Bewegung und zermalmten alles, was sich ihnen in den Weg stellte. Auch der meterhohe Damm, der sich zwischen Köln und Mülheim vor der geschlossenen Eisdecke aufgetürmt hatte, hielt dem Druck nicht mehr stand, brach und wurde flussabwärts getrieben.

Tausende Menschen bangten um ihr Leben, 35 Tote gab es allein in Köln zu beklagen, weitere 21 in Mülheim. Die am Rhein ankernden Schiffe wurden von ihren Ankerplätzen losgerissen und zertrümmert und die Hafenanlagen zerstört. Zahlreiche Häuser, vor allem in den direkt am Rhein gelegenen Pfarrbezirken der Alt- und der Südstadt, wurden überflutet und in Mitleidenschaft gezogen. 15.000 Einwohner mussten in Köln ihre Häuser verlassen. Der heutige Kölner Stadtteil Mülheim erlitt durch gleich zwei Flutwellen schwerste Verwüstungen. Auf einigen Rheininseln wie dem Namedyer Werth knickten die tonnenschweren Schollen mächtige Bäume oberhalb der Wurzeln wie Streichhölzer.

Am Vormittag des 28. Februar 1784 trat der an St. Maria Lyskirchen markierte Höchststand ein. Danach floss das Wasser samt Eis ab, die Gefahr war fürs erste gebannt.

Monatelang lagen die Eisblöcke noch in der Stadt und auf den Feldern herum; sie konnten deswegen in diesem Jahr nicht bestellt werden. Gleichwohl löste die Katastrophe eine Welle der Hilfsbereitschaft aus: Hilfslieferungen an Brot, Decken und Kleidungsstücken wurden sogar aus Städten und Gemeinden im Bergischen Land bereitgestellt.

Die Hochwassermarke an Sankt Maria Lyskirchen ist die bekannteste, aber nicht die einzige Erinnerung an die Jahrhundertflut von 1784.

Die Laki-Spalte ist bis heute sichtbar. Sie erstreckt sich über eine Länge von 27 Kilometern. Beim Ausbruch von 1783 wurden etwa 15 Kubikkilometer Lava aus 130 Kratern an die Oberfläche gefördert.

Hochwassermarke 1784 über dem Straßenschild

Sollten Sie einmal nach Monschau in die Eifel kommen, schauen Sie sich die Turmhaube der evangelischen Kirche an. Diese zierte ursprünglich das Gotteshaus von Mülheim, bevor es 1784 ein Raub der Fluten wurde. Nur der Turm blieb stehen. Die Haube wurde mit „Stange, Knopf und Schwan" an die evangelische Gemeinde in Monschau verkauft, der Erlös floss in den Bau einer neuen Kirche in Mülheim.

Gleich zwei Markierungen finden Sie an der an Straßenecke „Am Leystapel" und „Filzengraben": Etwa auf Augenhöhe vermeldet eine Sandsteintafel den Wasserstand vom November 1882, hoch über dem Straßenschild ist der Strich für den 28. Februar 1784 angebracht.

Das barocke Gotteshaus St. Gregorius im Elend steht in der Südstadt gleich bei der Auffahrt zur Severinsbrücke. An der Außenseite des Chores ist mit einer rostigen Eisenmarke der Pegelstand „im Jahr 1784" festgehalten, zusätzlich ist eine verwitterte Tafel mit einer lateinischen Inschrift angebracht. Das Wort „fatalis" verheißt schon nichts Gutes; die ganze Übersetzung lautet: „Am 28. Februar des verderbenbringenden Jahres 1784 hat die Flut des Rheines 30 Stunden an dieser Stelle gestanden."

Eine weitere Erwähnung der „Eisflut" verdanken wir Jupp Engels. Er war Architekt und hat sich um das Brauchtum in Köln verdient gemacht. Im Jahr 1969 ließ er in dem Hof vor Groß St. Martin eine Säule errichten, die Auskunft über die Herkunft des Kölner „Adelsgeschlechts" der Schmitzens gibt. Zudem sind an ihr der Pegelstand von 1784 und die Auswirkung des Hochwassers auf das rechtsrheinische Mülheim festgehalten.

Standorte der Hochwassermarken

- St. Maria Lyskirchen, An Lyskirchen 10, 50676 Köln
- Ecke Am Leystapel/Filzengraben, 50676 Köln
- St. Gregorius im Elend, Arnold-von-Siegen-Straße 3, 50678 Köln
- An Groß St. Martin, 50667 Köln, (Schmitzsäule)

18 | SÜDSTADT
WIE DAS „MÜLLEMER BÖÖTCHE“ IN DIE SÜDSTADT KAM

Der Karneval hat in Köln einen derart hohen Stellenwert, dass er in den Rang einer eigenen Jahreszeit erhoben wurde. Seinen bekanntesten Protagonisten wird durch das Aufstellen von Denkmälern oder dem Benennen von Straßen und Plätzen ein ewiges Andenken bewahrt. In der Kölner Altstadt erinnert ein Platz mit einem Brunnen an die weithin bekannteste Kultfigur des Kölner Karnevals, an Willi Ostermann („Heimweh nach Kölle“). Nahezu jede Stadtführung legt dort einen Zwischenstopp ein, und die Guides erzählen die Geschichten von der „Schmitze Billa“, „D`r Tant“ und der Frau vom Schmitz, die einem der ersten großen Ostermann-Hits zufolge „durchjebrannt“ ist. In gleicher Weise wird auch die Erinnerung an Karl Berbuer wachgehalten. Er war im Fahrwasser von Ostermann ab Mitte der 1930er Jahre nicht nur in Köln, sondern in ganz Deutschland sehr erfolgreich. Ein Platz trägt seit 1982 den Namen von Karl Berbuer, zehn Jahre nach seinem Tod wurde dort 1987 zusätzlich ein Brunnen errichtet. Er liegt etwas abseits, in einer Seitenstraße der Severinstraße schräg gegenüber der Kirche St. Johann Baptist.

Nur wenige hundert Meter von dieser Stelle kam Karl Berbuer am 26. Juli 1900 in der Löhrgasse im Griechenviertel zur Welt. Nicht nur das Haus, die ganze Straße wurde im Zweiten Weltkrieg zerstört und nicht mehr aufgebaut. Heute stehen an gleicher Stelle die Fahrzeuge der Feuerwache Innenstadt parat für den nächsten Einsatz. Neben dem Eingang in der Agrippastraße ist aber eine

Alles im Blick: Karl Berbuer auf dem „Müllemer Böötche“

Heidewitzka,
Herr Kapitän!

Die illustre Crew des „Müllemer Böötchens“

Gedenktafel montiert, die an das Geburtshaus des Kölner Lieder- und Heimatdichters erinnert. Bezeichnenderweise geschah dies auf Initiative der „KG Kölsche Funkentöter 1932 e.V." – selbst die Kölner Berufsfeuerwehr hat eine eigene Karnevalsgesellschaft.

Eigentlich war Karl Berbuer, wie sein Vater, Bäckermeister, was ihm später der Spitznamen „das jecke Hefeteilchen" einbrachte. Seine wahre Berufung war jedoch die Bühne. Nach Lehrjahren am Theater hatte er 1924 mit dem gegen die britischen Machthaber gerichteten Lied „Se kriggen uns nit kapott" einen ersten Achtungserfolg. Richtig durchgestartet ist er aber erst im Jahr 1936, dem Todesjahr von Willi Ostermann. Da gelang ihm mit **„Heidewitzka, Herr Kapitän",** der Beschreibung einer Ausflugsfahrt an Bord des „Müllemer Böötchens" von Mülheim („Müllem") zum Drachenfels nach Königswinter, der erste Mega-Hit. Was ist nicht alles spekuliert worden über die Bedeutung dieses Wortes! Populär ist die von Berbuer nie dementierte oder bestätigte Interpretation, es handele sich um die Verballhornung des Hitler-Grußes. Andere vermuten, dass der erste Kapitän des „Müllemer Böötchens" ein Heide namens Witzka war bzw. dass der Vorname der Gattin dieses Kapitäns Heide gewesen sein soll. Tatsache ist, dass bei den „Eingeborenen von Trizonesien" mit Hei-Di (Hei-di tschimmela-bum) eine Variante vorkommt, was eher auf die Vorliebe von Berbuer an Sprachspielereien und eigenen Wortschöpfungen schließen lässt. Unabhängig von der Bedeutung des Begriffs „Heidewitzka" war er in Kombination mit der eingängigen Melodie so erfolgreich, dass Karl Berbuer in einem „Spiegel"-Artikel vom 5.1.1950 mit den Worten, „Heidewitzka, Herr Kapitän" sei eine „ausgezeichnete lebenslängliche Rente" gewesen, zitiert wird. 1953 wurde es anlässlich eines Besuchs des deutschen Bundeskanzlers Konrad Adenauer beim US-Präsidenten John Eisenhower in Chicago als Ersatz für eine noch fehlende Nationalhymne gespielt. Den Grabstein von Karl Berbuer, der 1977 starb und auf dem Südfriedhof bestattet ist, zieren die ersten Noten von „Heidewitzka, Herr Kapitän".

Das „Müllemer Böötchen" hat es eigentlich nicht gegeben; vielmehr handelte es sich dabei um eine Flotte von anfangs drei, später sechs Schiffen, die 1867 im Auftrag des Mülheimer Kaufmanns Christoph Musmacher eigens für den Fährbetrieb zwischen Köln und Mülheim (der rechtsrheinische Ort wurde erst 1912 eingemeindet) vom Stapel liefen. Da es keine Brücke über den Rhein gab, waren die Schiffe sehr gut ausgelastet, das Geschäft lief blendend. Nach 27 Jahren trat ein Konkurrent namens Volapük auf den Plan, der versuchte, sich durch einen gnadenlosen Preiskampf Marktanteile zu sichern. Der mittlerweile als „Mülheimer Dampfschiffahrt AG“ firmierende Monopolist war gezwungen, seinen Fährpreis nach und nach von 25 Pfennigen auf 5 Pfennige zurückzunehmen. Beide Unternehmen hatten regelrechte Fangemeinden, die sich gegenseitig in die Haare gerieten, wenn die Verbalinjurien nicht mehr ausreichten. Handgreifliche Auseinandersetzungen an Land wurden auf dem Wasser fortgesetzt, indem sich die Passagiere von Schiff zu Schiff mit Kohlestücken bewarfen. Am Ende hatte die „Mülheimer Dampfschiffahrt AG“ den längeren Atem und übernahm den Wettbewerber. Die Errichtung einer Schiffsbrücke (1888) bedeutete das Ende der Fährverbindung. Heute bedient die „Colonia Dampfschiffahrt“ im Ausflugsverkehr noch immer die Route nach Mülheim.

Das Lied vom „Müllemer Böötche“ war aber nur der Anfang einer Reihe von Erfolgsschlagern aus der Feder von Karl Berbuer. Wer sich die Mühe einer eingehenden Betrachtung des Karl-Berbuer-Brunnens macht, wird einige von ihnen in Wort und Bild wiederfinden.

Gehen wir also das kurze Stück von der Severinstraße zum Karl-Berbuer-Platz. In einer ovalen Mulde ist dort der Brunnen aufgestellt, der die Form eines Schiffes hat. Scheinbar kommt es uns entgegen, sein Bug zeigt in unsere Richtung. Der Entwurf des Aachener Bildhauers Bonifatius Stirnberg spielt hier einmal mehr auf das „Müllemer Böötche“ an, zumal der Kapitän in „staatser“ (stattlicher) Uniform am Steuerrad dreht. Überragt wird die illustre Crew des „Narrenschiffs“ von einer mit Karnevalsorden behängten Figur des Namensgebers, der zudem standesgemäß mit einer Narrenkappe ausgestattet ist. Scheinbar gut gelaunt lächelt Karl Berbuer von seiner hohen Warte über den Platz. Die Rolle der Galionsfigur übernimmt eine weibliche Figur, die vom Habitus her an die Jungfrau im Kölner Dreigestirn erinnert: römisch anmutendes Gewand, das Stadtwappen auf der Brust und eine Krone auf dem Kopf, die an die mittelalterliche Stadtmauer angelehnt ist. Gemeint ist die „Mutter Colonia“, also die Stadtgründerin Agrippina. Ihr hat Karl Berbuer mit „Agrippina, Agrippinensis“ ein eigenes Lied gewidmet. Als Hommage an den Autor haben die Karnevalisten 2017 eine der Textzeilen („Wenn mir uns Pänz sinn, sin mir vun de Söck“) in etwas abgewandelter Form als Motto ihrer Session gewählt.

Mit an Bord sind auch die kölschen Originale „Urjels Palm“ und „Fleuten-Arnöldche“. Der eine war ein Militärinvalide, der seinen Lebensunterhalt mit Hinterhofkonzerten auf der Drehorgel bestritt, der andere war ein Flötenspieler, der als Straßenmusikant in Köln unterwegs war oder in Brau- und Gasthäusern aufspielte. Beide sind in dem Song „Un et Arnöldche fleut" verewigt. Der Karneval wird repräsentiert durch einen Lappenclown, ein Funkenmariechen und einen „Funk" in voller Montur inklusive „Knabbüs" (Knallbüchse, Holzgewehr). Hering und Pfeife weisen ihn als Mitglied der „Kölsche Funke rut-wieß vun 1823 e.V." aus. Zwei Heinzelmännchen bevölkern das Vorderdeck. Sie liegen auf dem Rücken und sehen erschöpft aus, ob vom Arbeiten oder vom Kölschgenuss sei dahingestellt.

An der ovalen Einfassung sind weitere Lieder aufgeführt. **„Das kannst du nicht ahnen"** von 1938 knüpfte nahtlos an den Erfolg von „Heidewitzka, Herr Kapitän" an. 300.000 Schellackplatten mit diesem Titel gingen bundesweit über die Ladentische, eine unglaubliche Zahl für die damalige Zeit. Das schon erwähnte Lied **„Wir sind die Eingeborenen von Trizonesien"** von 1948 bezieht sich auf die Besetzung des Rheinlands durch Amerikaner, Briten und Franzosen und ist eine für Berbuer typische Anspielung auf das politische Geschehen in Köln. Bei einer Radsportveranstaltung im Kölner Stadion wurde

Der „Rote Funk" präsentiert sein Gewehr.

es 1949 für den deutschen Sieger Jean Schorn gespielt. Konrad Adenauer berichtete ein Jahr später anlässlich einer Pressekonferenz, dass einige belgische Militärs während der Zeremonie aufgestanden seien und salutiert hätten in dem Glauben, es handele sich um die Nationalhymne.

Mehr als 120 Lieder haben wir Karl Berbuer zu verdanken, viele von Ihnen werden heute noch gesungen und aufgeführt. Für sein Lebenswerk wurde ihm 1970 mit der Willi-Ostermann-Medaille die größte Ehre zuteil, die der Kölner Karneval zu bieten hat.

Der Figuren des Karl-Berbuer-Brunnens sind übrigens mit Gelenken ausgestattet, so dass die Arme, die Hände und die Köpfe der Figuren nach Belieben bewegt und gedreht werden können. Bringen Sie also bei einem Besuch etwas Zeit zum Spielen mit ...

Das „Blaue Band" war eine Auszeichnung für das schnellste Schiff auf der Route von Europa nach New York. Nach Karl Berbuer war das „Müllemer Böötche" ein sicherer Kandidat für diese Auszeichnung, da es „met hundert Knöddele" über den Rhein gerauscht ist, das wären umgerechnet 185,2 km/h! Zum Vergleich: Die letzte Rekordhalterin, die „United States", war 1952 mit etwa 35 Knoten/65 km/h). unterwegs.

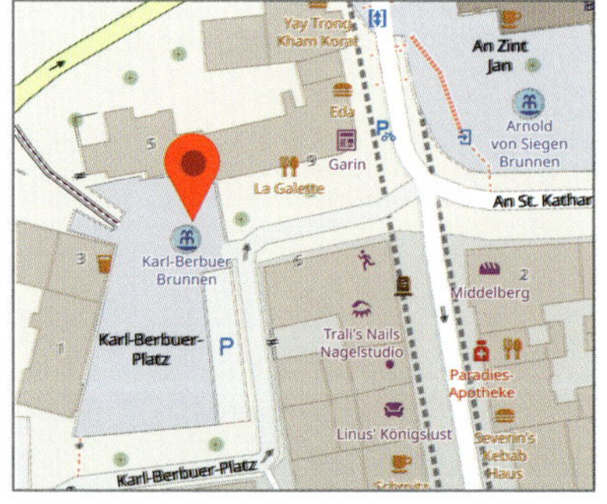

Karl-Berbuer-Platz
50678 Köln

19 | SÜDSTADT
PRALINCHEN GEFÄLLIG?

Ein junges Mädchen hat seinen linken Fuß auf einen grauen Steinquader gestellt, auf dem angewinkelten Knie balanciert es eine Pralinenschachtel. In selbstbewusster Pose und mit einladender Geste hält sie Ihnen freundlich lächelnd die köstliche Süßigkeit entgegen. Würden Sie nicht zugreifen wollen? Was wie ein Traum klingt, gibt es tatsächlich, nicht im Paradies, aber auf dem Severinskirchplatz in der Kölner Südstadt.

Um dort hinzukommen, gehen Sie gut zwei Kilometer vom Kölner Dom aus über die Hohe Straße, die Hohe Pforte und die Severinstraße bis zum Vorplatz der romanischen Kirche St. Severin (alternativ mit öffentlichen Verkehrsmitteln bis Chlodwigplatz, von dort wenige hundert Meter stadteinwärts). Leider werden Sie sich an dem verlockenden Naschwerk die Zähne ausbeißen, denn es ist, wie die Anbieterin selbst, aus Bronze. Hinter der Statue vervollständigt eine Brunnensäule das Ensemble; von einer dort angebrachten Plakette erfahren wir, dass wir vor dem **„Severins-Brunnen – Stollwerck-Mädchen um 1900"** stehen. Für die heutigen Bewohner des „Vringsveedels", also der Südstadt, ist sie schlicht das Schokoladen- oder Pralinenmädchen, Zeitgenossen nannten die Vorbilder für die hier aufgestellte lebensgroße Figur beeindruckt „Stollwercks extrazart".

Ungewöhnlich ist nämlich, dass mit dem Brunnen keiner berühmten Persönlichkeit ein Denkmal gesetzt wurde, sondern den Fabrikarbeiterinnen, die um 1900 in der Schokoladenfabrik der Gebrüder Stollwerck ihrer anstrengenden Tätigkeit nachgingen. Das Firmengelände lag gleich hinter der Severinskirche, die sich imposant auf der anderen Seite des kleinen Platzes erhebt. Zwischen 1880

Sammelbilder, Stollwerck Album Nr. 4

Stollwerck-mädchen

und 1882 entstand hier auf 55.000 m^2 eine imposante Industrielandschaft mit eigenem Gleisanschluss. In der Corneliusstraße steht heute noch ein gelb verklinkertes Gebäude, in dem einmal die Firmenzentrale ihren repräsentativen Sitz hatte. Gekrönt war es von zwei Türmchen, die zwar nicht ganz so erhaben waren wie die des Kölner Doms, aber ausreichten, damit es im Volksmund „Kamelledom" genannt wurde. Heute ist dort mit dem „Vringstreff e.V." eine gemeinnützige Einrichtung zu Hause, die es zur Aufgabe gemacht hat, in Not geratene Menschen zu unterstützen und ihnen eine gesellschaftliche Teilhabe zu ermöglichen.

Die Gebrüder Stollwerck waren nicht nur in der Optimierung der Produktionsanlagen sehr innovativ – sie verstanden auch eine Menge vom Verkauf und von Marketing. Eine vielbeachtete Neuerung war die Einführung von Verkaufsautomaten, die zum einen den Vertrieb der Süßwaren nach Ladenschluss ermöglichten, zum anderen aber auch der Technikbegeisterung der damaligen Zeit entsprachen. Sie wurden ab 1895 in einem eigenen Unternehmen, der Deutschen Automaten Gesellschaft mit Sitz in Köln, produziert und konnten auch für andere Gebrauchsgüter wie Seife oder Kölnisch Wasser verwendet werden. Zeitweise hatte Stollwerck 15.000 dieser „selbstthätigen Verkaufsautomaten" im Einsatz. Die Tatsache, dass etwa 4.000 davon in New Yorker Bahnhöfen standen, zeigt, dass Stollwerck zu dieser Zeit ein „Global Player" war.

Als äußerst verkaufsfördernd wirkte sich auch die Einführung von Sammelalben aus. Den Schokoladetafeln waren Bildchen beigefügt, die von zeitgenössischen Malern wie Adolf von Menzel und Otto Modersohn gestaltet wurden. Sechs Motive bildeten jeweils eine Serie. Die Sammelleidenschaft der Kunden wurde auf diese Weise als Kaufanreiz genutzt.

Der Erfolg am Markt führte dazu, dass Stollwerck in der Zeit vor dem Ersten Weltkrieg zum **größten Schokoladeproduzenten in Europa aufstieg.** Neben den Hauptprodukten Tafelschokolade und Kakaopulver wurden 375 weitere Schokoladenprodukte sowie Bonbons, Torten, Marzipan und vieles mehr hergestellt. Entsprechend hoch war der Personalstand im Betrieb an der Annostraße: Für 1914 wird er mit mehr als 2.400 Mitarbeitern angegeben. Der Frauenanteil betrug zeitweise mehr als 50 %, einen großen Anteil daran hatten die meist 14-16 Jahre alten „Stollwerck-Mädchen". Sie bedienten nicht die Maschinen, das war weiterhin Männersache, vielmehr waren sie für die Bestückung der Pralinenschachteln und die Verpackung der Schokoladenstücke zuständig. Auch Überzüge und Dekors wurden damals noch manuell angebracht. Die äußeren Arbeitsbedingungen mögen im Vergleich zu anderen Industrie-

„Veedel" = traditionelle Bezeichnung für ein Stadtviertel in Köln (bekannt auch durch de Song „En unserem Veedel" von der Kölner Mundartband Bläck Fööss). Die Südstadt ist nach der spätromanischen Kirche St. Severin benannt. Der Namensgeber war der dritte in Köln bekannte Bischof und lebte im 4. Jahrhundert. Auf kölsch wird er „Zinter Vring" genannt, die Südstadt daher „Vringsveedel".

zweigen sauber gewesen sein. Stollwerck war zudem einer der ersten Betriebe, der eine Betriebskrankenkasse einführte und später Wohnungen für die Mitarbeiter baute. Allerdings waren die Arbeitsbedingungen aus heutiger Sicht unmenschlich: 84 Wochenstunden waren die Regel, meist wurde die Arbeit im Akkord, am Fließband und im Stehen verrichtet. Der Stundenlohn betrug 0,75 DM. Das hinderte die „Stollwerck-Mädchen" aber nicht daran, abends auszugehen, zu tanzen und mit einer guten Portion Selbstbewusstsein in der Öffentlichkeit aufzutreten. Selbst die Lokalpresse wurde Anfang des 20. Jahrhunderts auf die jungen Arbeiterinnen aufmerksam – und stellte ihnen kein gutes Zeugnis aus. Für den „Ehrenfelder Anzeiger" entsprachen sie nicht dem damaligen Frauenbild, da sie arbeiteten und sich nicht auf die Rolle einer Frau und Mutter vorbereiteten. Außerdem könnten sie nicht nähen und kochen. Nach Veröffentlichung dieses Artikels sorgte Stollwerck umgehend für Abhilfe mit Koch- und Haushaltskursen.

Die Ehre eines eigenen Denkmals verdanken die „Stollwerck-Mädchen" dem Kölner Bildhauer Sepp Hürten. Er hatte sich 1990 bei einem Wettbewerb zur Verschönerung des Severinskirchplatzes mit dem Motiv des „Stollwerck-Mädchens" durchgesetzt. Sein Brunnen spendete anfangs sogar Trinkwasser, aber diese Funktion ist zwischenzeitlich hygienischen Vorgaben zum Opfer gefallen. Das eigentliche Metier Hürtens war die sakrale Kunst. In vielen Kirchen Kölns und des Rheinlandes ist er mit Werken vertreten, so auch mit dem neugestalteten Sarkophag der Kaiserin Theophanu (gestorben 991) in der romanischen Kirche St. Pantaleon. Zu dem Südstadt-Brunnen scheint Sepp Hürten eine besondere Beziehung gehabt zu haben, denn ein Bild der Veedels-Schönheit diente 2018 der Gestaltung seiner Traueranzeige.

Nach dem Zweiten Weltkrieg hatte es Stollwerck schwer, an die Erfolge früherer Zeiten anzuknüpfen. In den Wirtschaftswunderjahren war die Konkurrenz größer und die Preisbindung aufgehoben worden. Richtig durchgestartet ist der ehemalige Schokoladenriese wieder Anfang der 1970er Jahre, nachdem Peter Imhoff, der viele Jahre später das Schokoladenmuseum in Köln gründen sollte, die Firma übernommen hatte. Eine seiner ersten Maßnahmen: die Verlegung der Produktion nach Köln-Porz. Damit war der Produktionsstandort Südstadt Geschichte. Über die weitere Nutzung des Geländes wurde jahrelang kontrovers diskutiert. Sieben Jahre lang wurden einige Bereiche der alten Fabrik als Kulturzentrum genutzt, aber nach einer bundesweit beachteten Hausbesetzeraktion im Jahr 1980 rollten schließlich die Bagger an. Die alten Fabrikgebäude wurden durch die heutigen Wohnanlagen ersetzt. In einer Grünanlage etwas abseits von der Annostraße können Sie noch einige große Schwungräder entdecken; sie gehörten zu den Kompressoren, die für die Kühlung der Schokolade benötigt wurden. Auch der kunstvoll mit Ziegeln verzierte Stumpf eines Schornsteins ist noch vorhanden.

Das heutige „Bürgerhaus Stollwerck", ganz in der Nähe an der Dreikönigenstraße gelegen, gehörte übrigens, anders als der Name vermuten lässt, nie zu der ehemaligen Schokoladenfabrik. Das Gebäude aus dem Jahr 1906 diente früher als preußisches Proviantamt und später als Lagerhaus der Bundespost. Im Jahr 1987 zog dort die oben erwähnte Kunstinitiative ein, die durch den Abriss der Stollwerckfabrik heimatlos geworden war. Heute verfügt die Stadt Köln mit dieser Einrichtung über ein attraktives und vielbesuchtes Zentrum für Konzerte, Ausstellungen, Tanz- und Theatervorstellungen und vieles mehr.

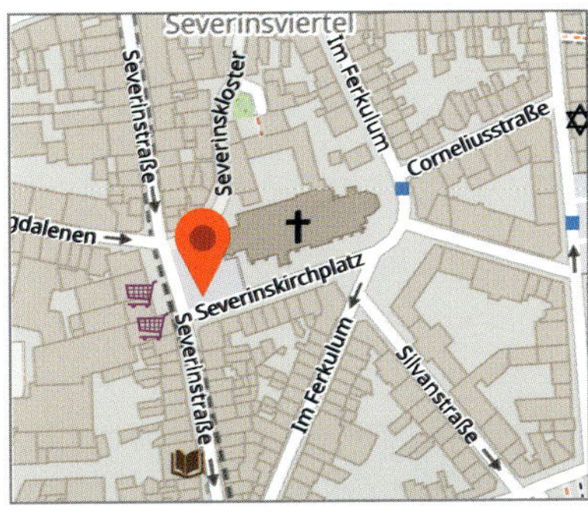

Stollwerckmädchen
Severinskirchplatz
50678 Köln

20 | LINDENTHAL
DER VERWUNSCHENE FRIEDHOF

An der Kerpener Straße gleich hinter einem Gebäude der Universitätsbibliothek finden Sie eine von einem filigranen Eisenzaun eingefasste Grünanlage. Ein Rundweg lädt zum Spazieren und Bänke zum Verweilen unter Schatten spendenden Bäumen ein. Ein idealer Ort, um Ruhe zu suchen und sich, vielleicht bei einem guten Buch, zu entspannen.

Irritierend ist freilich eine große Anzahl von Steinplatten, die auf kleinen Sockeln ordentlich ausgerichtet aus dem bodendeckenden Efeu hervorstehen. Hier und da gesellt sich ein steinernes Kreuz oder eine Stele hinzu. Ihre Vermutung, dass Sie auf einem Friedhof angekommen sind, würde durch einen Blick auf die steinernen Relikte bestätigt. Obwohl die Zeit ihre Spuren an ihnen hinterlassen hat und die Angaben meist verwittert und schwer lesbar sind, können Sie bei genauerem Hinsehen Namen, Lebensdaten, Wappen und mit ein wenig Glück ganze Bibelzitate entziffern. Was fehlt, ist der Blumenschmuck zur Verehrung und zum Gedenken an die Verstorbenen. Aber das ist leicht zu erklären: Die letzte Bestattung fand hier vor rund anderthalb Jahrhunderten im Jahr 1875 statt. Dieser Ort ist von besonderer Bedeutung, denn der öffentlich zugängliche „Geusenfriedhof", wie er genannt wird, ist der älteste protestantische Bestattungsort des Rheinlandes und Zeugnis einer bewegten Geschichte. Es lohnt sich, einen Blick darauf zu werfen.

Im Mittelalter hatte die katholische Kirche enormen Einfluss auf das politische und gesellschaftliche Geschehen. Sie bestimmte das Leben der Menschen sprichwörtlich von der Wiege bis zur Bahre. Um diesen Status zu wahren, ging der Rat der Stadt Köln notfalls mit sehr rigiden Mitteln gegen die Ausübung und Verbreitung anderer Religionen vor. Eine dieser harten Maßnahmen hatte die Ausweisung der jüdischen Bevölkerung im Jahr 1424 zur Folge.

Die Lehren Luthers machten im 16. Jahrhundert auch vor dem Rheinland nicht halt. Und die protestantischen Bürger waren in Köln erst einmal willkommen – wenn sie über ein ausreichendes Vermögen verfügten, entsprechende Steuern entrichteten, dem Wohl der Stadt dienten und sich ansonsten ruhig verhielten. Ihr Anteil an der Gesamtbevölkerung von etwa 40.000 Personen war mit 400-500 Personen vergleichsweise gering, sie waren aber überdurchschnittlich am Wirtschaftsleben in der Handelsmetropole beteiligt und daher vor allem als Partner für Handel und Gewerbe von Interesse. Ab 1660 wurden sie deshalb per Ratsbeschluss in Köln offiziell geduldet, da sie aber als „unkatholisch" galten, konnten sie zum Beispiel nicht das Bürgerrecht erwerben. Eine der Konsequenzen daraus: Der Eintritt in eine Gaffel blieb ihnen verwehrt. Der Erwerb von Grundeigentum war ihnen auch nicht gestattet, genauso wenig wie das Betreiben eines Gewerbes im Einzelhandel. Ab 1674 wurde gegen sie eine spezielle Abgabe von einem halben Prozent ihres Vermögens erhoben, die sie unter „Schutz und Schirm" der Stadt stellten – ein Angebot, dass sie nicht ablehnen konnten.

Die alten Grabplatten ruhen sicher auf Betonsockeln.

Wie zu erwarten stand auch die öffentliche Ausübung ihrer Religion und die Verbreitung entsprechender Schriften auf der Verbotsliste. Daher trafen sich die Mitglieder der verschiedenen protestantischen Gruppierungen heimlich in Privathäusern und führten ein Leben im Untergrund. Wer trotz der Verbote seinen protestantischen Glauben ausübte wurde drastisch bestraft, auch mit exemplarischen Maßnahmen wie der Verbrennung von Adolf Clarenbach und Peter Fliesteden am 28. September 1529 auf dem Richtplatz zu Melaten. Das Hohe Weltliche Gericht hatte die beiden Anhänger Luthers wegen Ketzerei zum Tod auf dem Scheiterhaufen verurteilt. Viele Protestanten verließen die Stadt Köln aufgrund dieser Repressalien und siedelten sich in Städten an, die Ihnen die freie Ausübung ihrer Religion erlaubte. Dazu gehörte das rechtrheinische Mülheim, das damals noch zum Herrschaftsbereich der Grafen von Berg gehörte und unter dem Einfluss der protestantischen Zuwanderer eine ernsthaften Konkurrenz zu der alten Handelsstadt am anderen Ufer des Rhein zu werden drohte.

Die Einflussnahme des Kölner Stadtrates auf die verbliebenen protestantischen Einwohner reichte indes bis über den Tod hinaus: **Ab 1583 wurde ihnen die Bestattung ihrer Toten innerhalb der Stadtmauer untersagt.** Möglicherweise hatten die Protestanten schon mit einer solchen Maßnahme gerechnet, denn bereits sieben Jahre zuvor richteten sie eine letzte Ruhestätte für ihre Verstorbenen ein. Das Grundstück dafür schenkte ihnen die Katholikin Ursula Goer zu Kaldenbroek; über das „Warum?" dieser großherzigen Tat schweigen die Quellen. Das Grundstück lag gemäß den städtischen Vorgaben vor den Toren der Stadt in der Nähe des Weilers Kriel, der Mitte des 19. Jahrhunderts mit anderen Ortschaften zu dem Stadtteil Lindenthal verschmolzen ist. Heute fahren Sie vom Zülpicher Platz (entspricht ungefähr dem Standort der mittelalterlichen Stadtmauer) zwei Stationen mit der Straßenbahn und gehen dann noch ein paar Schritte bis zum Geusenfriedhof; so können Sie nachvollziehen, welche Entfernung die Protestanten früher zu ihrem Gottesacker zurücklegen mussten.

Der Name des Friedhofs geht zurück auf eine Begebenheit aus dem Jahr 1566, als eine Abordnung niederländischer Adeliger in Brüssel von der spanischen Statthalterin Margarethe von Parma unter anderem die Beendigung der Inquisition und der Verfolgung von Protestanten forderte. Ihr Berater, der Graf von Barleymont, soll ihr aus diesem Anlass geraten haben „sich nicht vor einem Haufen Bettler („gueux") zu fürchten. Die Verhandlungen waren für die niederländische Abordnung erfolgreich, die als Beschimpfung gedachte Bezeichnung wurde im Überschwang als Eigenname übernommen. In die deutsche Sprache übertra-

Grabstein Joh. Philippine Faulenbach: Der Schmetterling ist ein christliches Symbol von Auferstehung und Unsterblichkeit.

Der Sensenmann (Detail von der Grabplatte des Arztes Johannes Böcking)

Matheis Everts, gest. 1597

gen wurde daraus der Begriff „Geusen", der allgemein für die Protestanten galt und der auch für den einzigen evangelischen Friedhof in Köln namensgebend war. 250 Jahre lang wurden hier Bestattungen durchgeführt; nach Öffnung des nur zwei Kilometer entfernten Melatenfriedhofs für Nichtkatholiken im Jahr 1829 fanden auf dem Geusenfriedhof nur noch vereinzelt Begräbnisse statt. 1875 wurde er endgültig geschlossen, und im Jahr 1902 musste er um die Hälfte verkleinert werden, da in seiner unmittelbaren Nachbarschaft das Evangelische Krankenhaus erbaut wurde. Über die Jahre wucherte er zu und geriet in Vergessenheit.

In der 1980er Jahren gelangte der Geusenfriedhof zurück in den Besitz der Evangelischen Gemeinde. Zusammen mit der Stadt Köln, der Unterstützung durch das Land Nordrhein-Westfalen und dem ehrenamtlichen Einsatz von Privatpersonen wurde das verwilderte Areal wieder in einem der Bedeutung des Ortes entsprechenden Zustand gebracht. Die eingangs erwähnten Betonsockel, auf denen die Grabplatten jetzt ruhen, stammen aus dieser Zeit. Sie wurden aus konservatorischen Gründen angelegt, damit das Regenwasser besser ablaufen kann.

Der Versuch, die Inschriften auf den Steinen zu entschlüsseln, ist schwer, aber möglich. Sie dürfen nicht vergessen, dass die ältesten Exemplare noch aus dem 16. Jahrhundert stammen und mehr als 400 Jahre Wind und Wetter ausgesetzt waren. Einige sind aus Trachyt, Latit oder Basalt und somit aus Gesteinsarten vulkanischen Ursprungs gehauen worden, die typischerweise aus den Steinbrüchen des nahen Siebengebirges stammen. Häufig sind Symbole des Todes wie Totenschädel, die Sense oder ein Stundenglas zu erkennen, ebenso zum Teil großformatige Wappen („Hausmarken"). Bibelzitate, in mehrzeiliger Ausführung oder als Umrandung, wurden den Verstorbenen im Barock gern mit auf ihren letzten Weg gegeben. Einige der Inschriften sind in holländischer und französischer Sprache verfasst und belegen die Zuwanderung der Religionsflüchtlinge aus den Niederlanden und Wallonien.

Im 19. Jahrhundert und somit gegen Ende der Nutzung des Geusenfriedhofs wurden vermehrt Kreuze und Stelen aufgestellt. Auch sie sind mit christlichen Symbolen wie dem „Auge Gottes", das auch als Freimaurersymbol angesehen wird, oder einer Amphore, die für die Vergänglichkeit des Menschen steht, versehen.

In Bezug auf Prominenz reicht der Geusenfriedhof nicht an Melaten oder den Südfriedhof heran. Gleichwohl gibt es auch hier einige bekannte Namen. Unter den Bestatteten ist Isaac Herstatt zu finden, ein Seidenhändler, dessen Brüder im 19. Jahrhundert eine der bedeutendsten Privatbanken in der Region gründeten. Louise Knobel, an die eine Sandstein-Stele mit der Darstellung einer anmutigen, jungen Frau erinnert, war die Schwester von Friedrich Giesler, einem Großgrundbesitzer und Industriellen aus Brühl. Der Familie gehörte bis 1960 das zum Weltkulturerbe der UNESCO zählende Schloss Falkenlust. Friedrich Gieslers gleichnamiger Sohn war der Gründer der ehemaligen Kölsch-Brauerei Giesler. Louise Knobel starb im Alter von 21 Jahren „in dem Augenblick der schönsten Hoffnung", der Geburt eines Kindes. Auch der erste evangelische Pfarrer in Köln, Christian Gottlieb Bruch, hat hier seine ewige Ruhe gefunden. Und Paulina Rhodius war vielleicht eine Verwandte, zumindest aber eine Namensvetterin von Christian Rhodius, der 1829 als erster Nicht-Katholik auf dem Melatenfriedhof beerdigt wurde. Einer der ältesten Grabsteine trägt die Initialen und die Hausmarke von Matheis Everts, der 1597 verstarb. Mit der Bestattung von Julie Hasenclever 1875 endete die Begräbnistradition auf dem Geusenfriedhof.

Unter all den Grabstätten fällt ein kleiner Tisch aus dem Rahmen, der am Mittelweg des kleinen Parks aufgestellt ist. Der mit einem kleinen Fisch verzierte Altar stand früher in einem aufgegebenen Kirchengebäude der Evangelischen Gemeinde, dem Jeremia-Haus in der Neustadt-Süd. Am Ostersonntag findet hier alljährlich ein Auferstehungsgottesdienst statt.

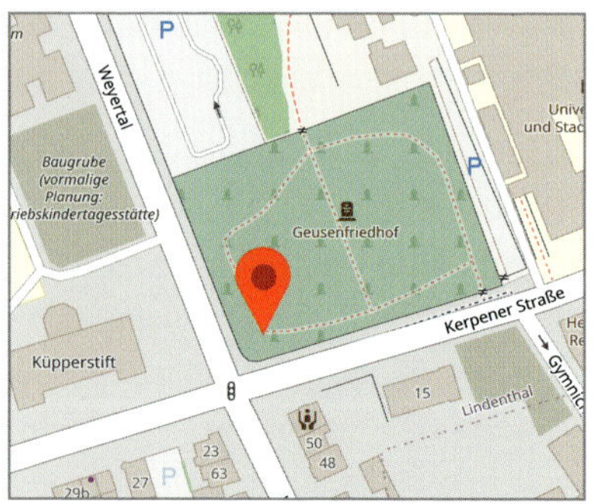

Geusenfriedhof
Kerpener Straße/Ecke Weyertal
50931 Köln

21 | LINDENTHAL
KONRADS KAPELLCHEN

Konrad von Hochstaden ist für zwei Dinge berühmt: Zum einen war er der Kölner Erzbischof, der bei der Grundsteinlegung des Kölner Doms in Amt und Würden war, und zum anderen war er ein mit allen Wassern gewaschener weltlicher Herrscher, der es unter anderem schaffte, auch die Kölner Bevölkerung erfolgreich gegen sich aufzubringen. Zweimal musste der berühmte Kirchengelehrte Albertus Magnus als Schiedsrichter agieren, auf das wieder Ruhe herrsche innerhalb der frisch errichteten Stadtmauer. Weniger bekannt ist, dass er auch auf dem Friedhof Melaten in Köln-Lindenthal seine Spuren hinterlassen hat.

Dort gibt es nämlich eine kleine Kapelle, deren Vorgängerbau er persönlich eingeweiht hat. Sie ist leicht zu finden, denn sie steht gleich hinter der Friedhofsmauer auf Höhe der Straßenbahnhaltestelle „Melaten". Jahrelang lag sie im Dornröschenschlaf, bis sie von einem Förderverein und seinen engagierten Mitgliedern renoviert und wieder zugänglich gemacht worden ist. Wenn Sie möchten, werfen wir einmal einen Blick auf die wechselvolle Geschichte des kleinen Gotteshauses.

Die Corona-Pandemie von 2020 hat gezeigt, dass Kontaktsperre und Quarantäne probate Mittel sind, um die Verbreitung von Erregern einzudämmen. Das ist aber keine Erkenntnis unserer Tage, denn auch den „medici" des Mittelalters war dieses Prinzip schon geläufig. Im 11./12. Jahrhundert war es die Lepra, die durch das Wachstum der Städte, dem daraus resultierenden Anstieg der Bevölkerungsdichte und unzureichende hygienische Verhältnisse rasant um sich griff. Diese

Die Kapelle auf dem Melatenfriedhof

Einladend: die frisch renovierte Kapelle

Infektionskrankheit, die ähnlich wie COVID-19, per Tröpfchen übertragen wird, ruft auffällige Veränderungen an Haut, Nerven und Knochen hervor. Stand eine Person unter dem Verdacht, an Lepra erkrankt zu sein, musste sie sich einer ärztlichen Untersuchung, der Lepraschau, unterziehen. Und wurde sie positiv „getestet", erfolgte der Ausschluss aus der Gemeinschaft. Heute würden wir vielleicht von einem „Lockout" sprechen, damals wurden die Kranken „ausgesetzt". Der Begriff „Aussätzige" hat in dieser Vorgehensweise seinen Ursprung.

Untergebracht wurden sie in Leprosorien. Das waren spezielle Hospitäler, die ab dem 12. Jahrhundert außerhalb aller großen Städte errichtet wurden, um die Seuche in den Griff zu bekommen. Sie dienten ausschließlich der Aufnahme von Leprakranken, aber diese Einrichtungen sind nicht mit den Krankenhäusern unserer Tage zu vergleichen. Erst einmal war es wichtig, dass sie weit entfernt von jeder menschlichen Siedlung lagen, um eine weitere Ausbreitung der Krankheit zu vermeiden. Ein Grundstück knapp zwei Kilometer westlich des Hahnentors, dass später den Namen „Melaten" (von lat. „male habitus" = schlechter Zustand, krank) bekam, wurde im Jahr 1243 als Standort für eines von insgesamt vier „Siechenhäusern" in Köln festgelegt. Rein äußerlich ähnelten die Leprosorien eher kleinen Gutshöfen, in denen die Kranken wohnten und selbst für ihren täglichen Unterhalt sorgten. Sie betrieben Gartenbau und Landwirtschaft, sie backten ihr Brot und brauten ihr eigenes Bier. Finanziert wurden die Leprosorien von den Kranken selbst und durch mildtätige Spenden aus der Bevölkerung, wobei die Geldgeber hofften, dem Himmelreich mit jeder Gabe ein Stückchen näher zu kommen. Unter Einhaltung von Abstandsregelungen und angeführt von einem „Schellenknecht" durften die „Maladen" außerdem in der Stadt Almosen einsammeln. In die Öffentlichkeit durften sie sich aber nur begeben, wenn sie eine fest vorgeschriebene Kleidung trugen. In Köln bestand diese „Leprosen-Tracht" aus Joppe, Kniehose, einem bis zu den Knien reichenden weiten Mantel, weißen Handschuhen, einem großen Hut und der obligatorischen Klapper, die akustisch das Nahen der „Siechen" ankündigte.

Für das Seelenheil der Bewohner wurde im „hillije Kölle" selbstverständlich auch gesorgt. Am 6. Juni 1245 wurde eine erste Kapelle nach nur zwei Jahren Bauzeit von dem eingangs erwähnten Erzbischof Konrad von Hochstaden zu Ehren der Hl. Dreifaltigkeit, Marias und des hl. Dionysos geweiht. **Erst drei Jahre später folgte unter seiner Ägide der Gründungsakt des Kölner Doms, so dass die kleine Kapelle auf Melaten eine weitaus längere Geschichte vorzuweisen hat als die große Schwester in der Innenstadt.**

Die Zeit der Entstehung und Stilelemente wie die Spitzbogenfenster weisen die Kapelle als ein gotisches Bauwerk aus. Die ursprüngliche Kapelle hatte aber noch eine andere Besonderheit: Auf der dem Chor gegenüberliegenden Seite war ein Raum mit separatem Eingang abgeteilt, der den Erkrankten vorbehalten war. Auf diese Weise wurde den damaligen hygienischen Vorschriften Rechnung getragen und der verbotene Kontakt zwischen den beiden Besuchergruppen vermieden. Auch hier lässt Corona grüßen …

Gegen Ende des 18. Jahrhunderts zog sich die Lepra aus Europa zurück mit der Folge, dass das Leprosorium auf Melaten geschlossen und zurückgebaut wurde. Nur die Kapelle, die im 15. Jahrhundert ihr heutiges Aussehen durch einen Neubau bekam, blieb stehen, allerdings ohne genutzt zu werden. Erst zur Zeit der französischen Herrschaft wurde sie wieder mit Leben erfüllt. Ferdinand Franz Wallraff, der Priester, Universitätsprofessor und Bewahrer zahlreicher Kunstschätze war, wurde von den neuen Herren am Rhein mit der Aufgabe betraut, auf dem Gelände der ehemaligen Krankenanstalt den ersten Friedhof unter städtischer Führung in Köln anzulegen. Mit nur leichten Anpassungen berücksichtigte er die kleine Kirche in seinen Planungen, die mit der Eröffnung der Begräbnisstätte im Jahr 1810 die Funktion einer Friedhofskapelle übernahm.

Zu einem Zeitpunkt, der nicht mehr feststellbar ist, war die Kapelle dann den hl. Johann Baptist und Lazarus geweiht. Den ältesten Hinweis darauf finden wir im Jahr 1872, als ein neuer Altar nach einem Entwurf des Dombaumeisters Vincenz Statz in dem Kirchlein aufgestellt wird.

Ab 1916 diente die Friedhofskapelle auf Melaten als Kirche für die neu gegründete Pfarre Christi Auferstehung, bis im Jahr 1936 ein Neubau in der Brucknerstraße nach Plänen des Düsseldorfer Architekten Franz Schneider diese Funktion übernahm.

Im Zweiten Weltkrieg erlitt die Kapelle auf Melaten erhebliche Schäden, wurde aber bis 1952 in vereinfachter Form wiederaufgebaut. Schauen Sie sich einmal genau die Außenseite von der Aachener Straße aus an: Dann werden Sie sehen, dass heute das Tageslicht den kleinen Kirchenraum nur noch durch drei der ursprünglich sechs Fenster erhellen kann. Ab diesem Zeitpunkt war die Kirche dann ihren heutigen Schutzpatronen, St. Maria Magdalena und Lazarus geweiht.

1975 erfolgte die moderne Gestaltung der Fenster im Chor und auf der Ostseite durch Hermann Gottfried. Das Bildprogramm in Groß St. Martin stammt ebenso von diesem Künstler wie auch die Ausmalung der Konchen in St. Aposteln. Neben den Schutzpatronen sind in der Kapelle Johannes der Täufer, der frühchristliche Arzt und Märtyrer Pantaleon und der Erzengel Michael abgebildet.

Einige Jahre nutzte die griechisch-orthodoxe Gemeinde die kleine Kapelle, aber dann erhielt sie die 1994 die Möglichkeit, die Kirche Alt St. Heribert in Köln-Deutz als neue geistliche Heimat zu nutzen.

Dann passierte viele Jahre – nichts. Das kleine Gotteshaus stand mehr als zehn Jahre lang leer und verschwand aus dem Bewusstsein der Öffentlichkeit. 2007 drohte gar die Profanierung, ein Schicksal, das unter den Franzosen im Zuge der Säkularisation viele Kloster- und Stiftskirchen getroffen hatte. Dr. Gottfried Wolff verhinderte nicht nur die Entweihung, er wurde auch Gründungsvorsitzender des 2014 gegründeten „St. Maria Magdalenen Verein Köln e.V.", der es sich zum Ziel gemacht hat, die Kapelle in einen würdigen Zustand zu versetzen. Außerdem sorgt die etwa 40 Mitglieder zählende Unterstützergemeinschaft dafür, dass die Räumlichkeiten genutzt werden und für die Öffentlichkeit zugänglich sind. Dies geschieht in Absprache mit dem Erzbistum Köln, da St. Maria Magdalena und Lazarus eine geweihte römisch-katholische Kirche ist, und der Stadt Köln, die, rechtlich betrachtet, als Eigentümerin der Kirche fungiert.

In den letzten Jahren wurde der Innenraum der Kapelle von Schmutz- und Rußrückständen befreit. Diese Arbeiten wurden in Kooperation mit der Kölner Stuckateur-Innung erledigt, da die mit der Ausführung beauftragten Auszubildenden hier die Möglichkeiten hatten, sich mit den alten Methoden an einem historischen Gebäude auszuprobieren. Jetzt können hier wieder in einem angemessenen Umfeld als Alternative zu der großen Trauerhalle an der Piusstraße Trauerfeiern und Gottesdienste, aber auch Konzerte, Lesungen und Ausstellungen stattfinden.

Melatenfriedhof Köln
Aachener Straße,
gegenüber Nr. 249
50931 Köln

22 | NIPPES
WO DAS AUTO DRAUSSEN BLEIBT

Nordseeinseln wie Juist oder Baltrum werben gern damit, „autofrei" und damit besonders sauber und umweltfreundlich zu sein. Die Urlauber lassen ihre Fahrzeuge auf dem Festland zurück und stürzen sich begeistert ins Inselleben. Sie nehmen in Kauf, dass sie ihr Gepäck mit dem Bollerwagen zur Pension karren und Einkäufe zu Fuß oder mit dem Fahrrad erledigen müssen. Dafür können sie gefahrlos auf den unverstellten Straßen spielen oder spazieren gehen und die saubere Seeluft genießen.

Was für die Inselfans unter uns ein zeitlich begrenztes Vergnügen ist, bedeutet für mittlerweile 1.550 Menschen im Kölner Stadtteil Nippes den ganz normalen Alltag. Denn aus einem Projekt, zu dem 1994 die Grünen den Anstoß gegeben haben, ist mit dem „Stellwerk 60" innerhalb weniger Jahre die größte autofreie Siedlung Deutschlands entstanden. Bis auf Möwengeschrei und Meeresrauschen ist vieles dem Leben auf der Insel sehr ähnlich, und weil dieses Projekt auf einem für die Entwicklung von Nippes bedeutsamen Gelände aus dem Boden gestampft wurde, werfen wir einmal einen Blick hinter die Kulissen.

Die Bezeichnung „Stellwerk 60" und die Straßennamen „Am Alten Stellwerk" und „Bahnwärterweg" zeigen an, dass wir uns hier im „Eisenbahnquartier" von Nippes befinden. Der Transport von Personen und Waren auf der Schiene hatte im 19. Jahrhundert seinen Durchbruch, der Großraum Köln entwickelte sich zu einer Drehscheibe in diesem neuen Verkehrsnetz. Bis zum Bau der Hohenzollernbrücke 1859 war auf der rechten Rheinseite im noch nicht eingemeindeten Deutz für die Köln-Mindener Eisenbahn und die Bergisch-Märkische Eisenbahn

Reminiszenz an die Vorgeschichte

Viel Grün und keine Autos

Die autofreie Siedlung im Überblick

Endstation. Linksrheinisch bediente die Rheinische Eisenbahngesellschaft den Verkehr entlang der Rheinschiene und über Aachen bis nach Belgien. Diese Gesellschaft erwarb 1860 ein Grundstück von 60 Morgen (150.000 m^2), um vor den Toren der Stadt und auch in einiger Entfernung zu dem Dörfchen Nippes ein Ausbesserungswerk zu errichten, in dem das rollende Material gewartet und auf technische Neuerungen wie Dampfheizungen und Gasbeleuchtung umgestellt werden konnte. Für die Fertigung wurden Werks- und Maschinenmeister und für die Verwaltung Fachkräfte aus den preußischen Industriegebieten angeworben. Hilfsarbeiter, Tagelöhner und Handwerker kamen aus Köln. Und der Bedarf an Arbeitskräften war groß: **1877 arbeiteten 524 Menschen für das Eisenbahnausbesserungswerk, bis 1916 stieg die Zahl der Beschäftigten auf etwa 3.000.** Für die Arbeiter wurde eine eigene Siedlung gebaut, die nach der Größe des angekauften Grundstücks „Sechzig-Viertel" genannt wurde (das erklärt auch die „60" im Namen der autofreien Siedlung). Einige der alten Werkmeisterhäuschen sind noch in der Sechzig(!)straße erhalten. Das Betriebsgelände wurde ständig erweitert, die neue Siedlung und das alte Dorf wuchsen mit der Zeit zu einer Einheit zusammen. Das Eisenbahnausbesserungswerk trug entscheidend zum Wachstum und zur Attraktivität von Nippes bei. Nicht nur als Wohnplatz, auch als Industriestandort wurde Nippes, dass nach der Eingemeindung 1888 zu Köln gehörte, für große Firmen interessant. Die Mehlmarke „Aurora" hat zum Beispiel mit der Auermühle ihre Wurzeln in Nippes. Der Gummiwarenhersteller Clouth war zu seiner Zeit ein „Global Player" in der Herstellung von Waren aus Kautschuk und Latex. Auch „Opekta", ein Geliermittel für die Herstellung von Marmelade, wurde in Nippes produziert und europaweit verkauft. Der erste Geschäftsführer der niederländischen Vertretung von Opekta war Otto Frank, der Vater von Anne Frank, die durch ihre Tagebücher weltberühmt wurde.

Das Eisenbahnausbesserungswerk verlor seine Bedeutung nach dem Zweiten Weltkrieg, in dessen Verlauf es als kriegswichtiger Betrieb schwersten Bombardements ausgesetzt war. Die Deutsche Bahn, zu deren Besitz es mittlerweile gehörte, zog sich sukzessive zurück, bis 1976 der Betrieb ganz eingestellt wurde. 2003 beschloss die Bezirksvertretung in Nippes, das Gelände ausschließlich als Wohngebiet zu nutzen.

Die Idee einer autofreien Siedlung war dabei eines von insgesamt vier Vorhaben, die zwischenzeitlich umgesetzt worden sind. Erste Überlegungen dazu hatte es schon, wie bereits erwähnt, im Jahr 1994 gegeben. Anhand einer umfangreichen Marktuntersuchung war ermittelt worden, dass es in Köln großes

Interesse an einem Leben mit weniger Lärm und Luftverschmutzung, hoher Kinderfreundlichkeit und der damit verbundenen verbesserten Lebensqualität gab. Unter den vier angedachten Standorten war Nippes der eindeutige Favorit, denn es ist zentrumsnah, hat eine gute Nahversorgung und ist an den öffentlichen Nahverkehr angebunden. 2005 war Baubeginn, schon ein Jahr später zogen die ersten Mieter ein. Nach der endgütigen Fertigstellung stehen nun in Reihen- und Stadthäusern sowie in Mehrfamilienhäusern insgesamt 455 Wohneinheiten auf einer Fläche von vier Hektar zur Verfügung. 15 davon sind speziell auf die Bedürfnisse von behinderten Menschen zugeschnitten und werden von der Caritas betrieben.

In einem Artikel des Kölner Stadtanzeiger von 2016 wird Nippes als die „Kinderstube Kölns" bezeichnet. Sogar auf Bundesebene gilt es seit längerer Zeit als kinderreichster Stadtteil. Diesem Trend wird auch im „Stellwerk 60" Rechnung getragen. Für die Kleinsten wurde das Gebäude, in dem die Arbeiter und Angestellten des Eisenbahnausbesserungswerks bis zuletzt ihre Mahlzeiten einnahmen, in eine Kindertagestätte umgebaut. Dem Ort angemessen heißt sie „Alte Kantine – Lummerland".

Was bedeutet nun „autofreie Siedlung"? Per Definition handelt es sich um ein Wohngebiet, das keinen Autoverkehr aufweist. Ausnahmen (zum Beispiel bei Umzügen) sind auch im „Stellwerk 60" möglich, sie müssen aber beim Ordnungsamt beantragt werden und sind gebührenpflichtig. Es fehlen aber nicht nur Autos im Straßenbild, auf den zweiten Blick fällt auf, dass sogar Stellplätze für des Deutschen ansonsten liebstes Kind hier Fehlanzeige sind. So bleibt mehr

Entwicklung der Einwohnerzahl Köln-Nippes:
1855: 496
1861: 1.424
1871: 4.621
1880: 9.930
1900: 27.054
1910: 41.162
Heute: ca. 36.000

Platz für die Fußgänger und Radfahrer. Überhaupt ist das Fahrrad das bevorzugte Transport- und Fortbewegungsmittel in der autofreien Siedlung. Um diese sicher unterzubringen, stehen Tiefgaragen ausschließlich für Zweiräder zu Verfügung. Stehen größere Besorgungen an, können von den Bewohnern in der Mobilitäts-Station des Vereins „Nachbarn 60", Einkaufswagen, Fahrradanhänger und sogar erwachsenentaugliche Tretautos ausgeliehen werden. Wenn die Bewohner dann mit ihren beladenen Bollerwagen und taschenbehängten Fahrrädern vom Einkaufen kommen, erinnert das tatsächlich ein wenig an die eingangs erwähnten Inselurlauber.

Im Idealfall verzichten die Bewohner komplett auf ein Auto, für alle Fälle gibt es aber am Rande der Siedlung ein Parkhaus, in dem ein Autovermieter 20 Fahrzeuge bis hin zum Kleinbus eingestellt hat. Für private Fahrzeuge stehen hier ebenfalls einige Parkplätze zur Verfügung. Darüber hinaus wird hier an zwei Stationen Carsharing betrieben, dazu gibt es private Initiativen. Ob sich allerdings alle Bewohner der autofreien Siedlung an diese Vorgaben halten, ist immer wieder Gegenstand von Diskussionen mit der Nachbarschaft und in den Medien.

Im Februar 2018 hat die Deutsche Bundesbahn übrigens die Tradition des Eisenbahnstandortes in Nippes fortgesetzt und nur wenige hundert Meter von der Siedlung „Stellwerk 60" ein neues Instandhaltungswerk in Betrieb genommen. In über 400 Meter langen Hallen werden dort die ICE-Schnellzüge aller Baureihen gewartet, gereinigt, geprüft und repariert. Jedes Mal, wenn ein Zug die Hallen verlässt, wird routinemäßig auch das Signalhorn getestet, zum Ärger der Anwohner leider auch mitten in der Nacht …

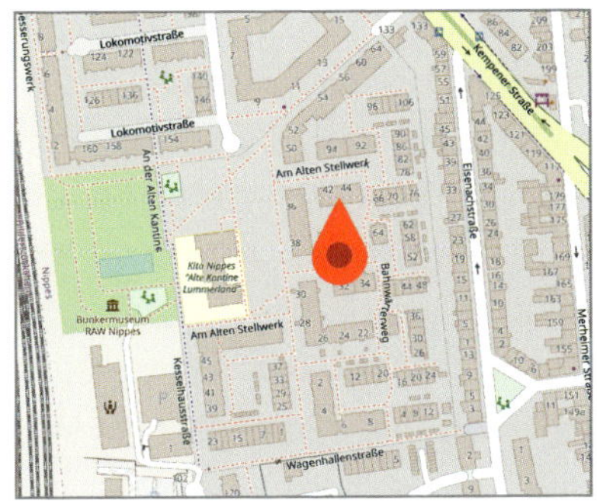

Stellwerk 60
Am Alten Stellwerk/
Bahnwärterweg
50733 Köln

23 | NIPPES
HÜGEL MIT GEHEIMNIS UND EIN BAHNHOF OHNE GLEISANSCHLUSS

Auf der Suche nach Orten und Gebäuden, die ohne besonderen Hinweis unbeachtet bleiben, kommen wir am Kölner Stadtteil Nippes nicht vorbei. Über Deutschlands größte autofreie Siedlung haben Sie bereits etwas im vorigen Kapitel erfahren, aber wenn Sie einmal vor Ort sind, können Sie nach zwei Besonderheiten Ausschau halten, die unauffällig in die neuen Wohngebiete rund um das „Stellwerk 60" integriert wurden. Das eine ist ein unterirdisches Bauwerk und entzieht sich schon aufgrund seiner Lage allen Blicken, das andere steht an der vielbefahrenen Kempener Straße, gleich gegenüber dem St. Vinzenz-Hospital. Und wie es sich für die industrielle Vorgeschichte ihres Standortes gehört, können auch die „Protagonisten" der folgenden Geschichte dem Umfeld der Eisenbahn zugeordnet werden.

Hinter der Kita „Lummerland" am linken Rand des „Stellwerk 60" erhebt sich ein flacher, mit kleinen Bäumen bestandener Hügel. Einige Stufen führen hinauf zu einer Plattform, die von den Kindern der umliegenden Häuser gern als Spielplatz genutzt wird. Richtig interessant wird es, wenn wir uns an die Westseite der Erhebung begeben: Dort weckt eine schwere, schwarz gestrichene Eisentür die Neugier des Betrachters. Allem Anschein nach verbirgt sich hier etwas Geheimnisvolles, denn die Tür ist versperrt und eine Warnlackierung signalisiert Gefahr. Eine gelbe Schablonenaufschrift gibt Auskunft über den Zweck des Gebäudes. **„LUFTSCHUTZ-LEITSTELLE IM EHEMALIGEN REICHSBAHN-AUSBESSERUNGSWERK"** steht dort zu lesen, dazu ein Hinweis auf die Öffnungs-

Im Büro des Kommandanten

Fundstücke

Mit Originalteilen ausgestattet: das Büro der Sekretärin

zeiten. Tatsächlich handelt es sich um den Reichsbahnbunker aus dem Zweiten Weltkrieg, der in den 1990er Jahren vorübergehend als Probenraum für Musiker diente, dann aber Vandalen anheimfiel. Als die „Arbeitsgemeinschaft Festung Köln" (AFK) ihn im Jahr 2008 übernahm, musste er zunächst von Dreck und Unrat wie alten Matratzen befreit und wieder an die Stromversorgung angeschlossen werden. Mit großem Aufwand haben es die ehrenamtlichen Mitglieder der AFK geschafft, aus einem völlig vermüllten „lost place" einen Ort zu schaffen, der in beeindruckender Weise die lokalen Ereignisse während des Zweiten Weltkriegs dokumentiert und schon als Drehort für Filmarbeiten genutzt wurde.

Gehen wir daher zurück in dieses dunkle Kapitel deutscher Geschichte. Das Reichsbahnausbesserungswerk (RAW) war als kriegswichtiger Betrieb ein bevorzugtes Ziel alliierter Luftangriffe, die im März 1941 einsetzten. Damals arbeiteten etwa 3.000 Menschen hier, viele davon waren Zwangsarbeiter und Kriegsgefangene. Um rechtzeitig Vorkehrungen zum Schutz der Menschen und des Werkes treffen zu können, beschlossen die Verantwortlichen des RAW, eine

Luftschutz-Leitstelle einzurichten. Die Bauzeit für die 130 m² große Anlage betrug lediglich drei Monate. Peter Skibbe von der „Arbeitsgemeinschaft Festung Köln" weiß bei seinen Führungen durch den Bunker zu berichten, dass hier per Telefon die Meldungen über bevorstehende Angriffe eingingen. „Wenn die alliierten Verbände über dem Ärmelkanal oder Belgien gesichtet wurden, gab es einen Handlungsspielraum von etwa einer Stunde", so Skibbe. In dieser kurzen Zeit konnten nicht nur viele Mitarbeiter des RAW vor den Bombardierungen gewarnt werden, sondern auch die Lokführer rund um Köln. Per Telefon wurden die Streckenposten und Schrankenwärter informiert, die wiederum durch entsprechende Signalstellung die Züge stoppten oder umleiteten.

An jedem zweiten Sonntag oder bei entsprechender Voranmeldung (unter info@web.ag-festung-koeln.de) kann der Bunker besichtigt werden. Am Ende der Rampe, die in die Tiefe führt, ist es bereits deutlich kühler als noch am Eingang, und ein für Keller typischer Geruch steigt in die Nase. Der Bunker selbst ist in mehrere Räume unterteilt. Es gibt eine Küche, das Büro des Kommandanten, ein weiteres Büro für die Sekretärin, die gleichzeitig auch Krankenschwester war, und einen Bereitschaftsraum für die Männer des Werk-Luftschutzes. Im größten Raum war ein Lazarett untergebracht. Alle Räume sind mittlerweile möbliert und mit technischen Geräten ausstaffiert. Der Schrank mit Aufsatzbuffet und Glasscheiben, der in der kleinen Küche einen Platz gefunden hat, kommt vielen von uns noch aus eigenem Erleben bekannt vor. Auch technische Gerätschäften wie Funkgeräte, Wählscheibentelefone aus Bakelit und die Schreibmaschine der Sekretärin sind zu sehen. Die AFK hat zahlreiche Exponate auf Versteigerungen erstehen können und behutsam aus Militärbeständen ergänzt. In vielen Fällen meldeten sich aber auch Anwohner aus der Nachbarschaft, die private Gegenstände für den Bunker spendeten. So fanden Tuben, Flaschen, Bücher, Plakate und eine ganze Reihe von Koffern, die von Heimatvertriebenen auf der Flucht genutzt wurden, ihren Weg in die ehemalige Luftschutz-Leitstelle.

Beim Rundgang durch die Unterwelt des kleinen Hügels fallen dicke Rohre auf, die mit großen Zylindern verbunden sind. Darin sind die Filter untergebracht, mit der schädliche Kontaminationen aus der Außenluft herausgefiltert werden konnten. Bei Stromausfall wurden sie per Hand bedient.

So sicher der Bunker aus heutiger Sicht erscheinen mag: Im Ernstfall bot er nur ungenügenden Schutz. Eindrucksvoll ist dies im so genannten „Trefferraum" zu sehen, in dem ein Stromaggregat und der dazugehörige Tank für Kraftstoff

untergebracht waren. **Am 21. Dezember 1944 wurde dieser Teil des Bunkers von einer englischen Zehn-Zentner-Bombe getroffen** (ein entschärftes Exemplar ist im Gang des Bunkers ausgestellt) und schwer beschädigt. Heute wird die Decke durch gemauerte Stützen stabilisiert, aber die verbogenen Eisenträger, die bizarr herabhängen, zeugen immer noch sichtbar noch von der zerstörerischen Kraft des Sprengkörpers. Bei diesem Angriff verlor Christian Kleefisch, der Leiter der Luftschutz-Leitstelle, auf tragische Weise sein Leben. Er hatte hinter einem Tresor, der in seinem Büro stand, Schutz gesucht. Dieser war nicht, wie heute üblich, fest an der Wand verankert, so dass er, von der Druckwelle erfasst, gegen Kleefisch geschleudert wurde und ihn tödlich verletzte.
Auf der Suche nach einem Drehort sind vor einigen Jahren auch die Macher der ZDF-Serie „Sketch-History" auf den Bunker in Nippes aufmerksam geworden. Eine Episode, in der die letzten Stunden des Führers und Eva Brauns in der für diese Comedy-Serie üblichen Art und Weise aufs Korn genommen werden, spielt im Sanitätsraum des Bunkers. Wer die Räumlichkeiten kennt, wird sie in dem Sketch, der auf im Internet verfügbar ist (Stichwort: „Führerbunker Romantik") wiedererkennen.

Zurück im Tageslicht brauchen Sie nur wenige Schritte zu gehen, um zu einem weiteren Nippeser Kuriosum zu gelangen. Auf einem Grundstück zwischen dem Gebäudekomplex „Drehscheibe fünfzig733" und der Kempener Straße finden sie nach wenigen Gehminuten ein langgezogenes, zweigeschossiges Holzgebäude, das in krassem Gegensatz zur modernen Architektur seiner Umgebung steht. In seiner ersten Nutzung diente es als **Empfangsgebäude des Bahnhofs in Worringen,** das Mitte des 19. Jahrhunderts noch ein Vorort im Kölner Umland war. Die rustikal anmutende Bauweise soll die Idee eines ehemaligen Direktors der „Köln-Krefelder Eisenbahn" gewesen sein, der sich bei einer Russland-Reise von entsprechenden Bauten der Transsibirischen Eisenbahn hat inspirieren lassen. Dieses außergewöhnliche Design wurde entlang der Bahnstrecke gleich mehrfach umgesetzt, so auch in Meerbusch-Osterath, wo der 1856 eröffnete Bahnhof noch heute genutzt wird.
Der Worringer Bahnhof, dem ursprünglich noch eine Gaststätte und eine Poststation angegliedert waren, hat also fast 120 Jahre vor den Toren Kölns seine Funktion erfüllt, bis ihm Anfang der 1980er Jahre beim Ausbau der S-Bahnstrecke das finale Aus drohte.

Das Bahnhofsgebäude inklusive überdachtem Bahnsteig, Fahrkartenschalter und der Bahnhofsuhr sollte einer neuen Streckenführung zum Opfer fallen.

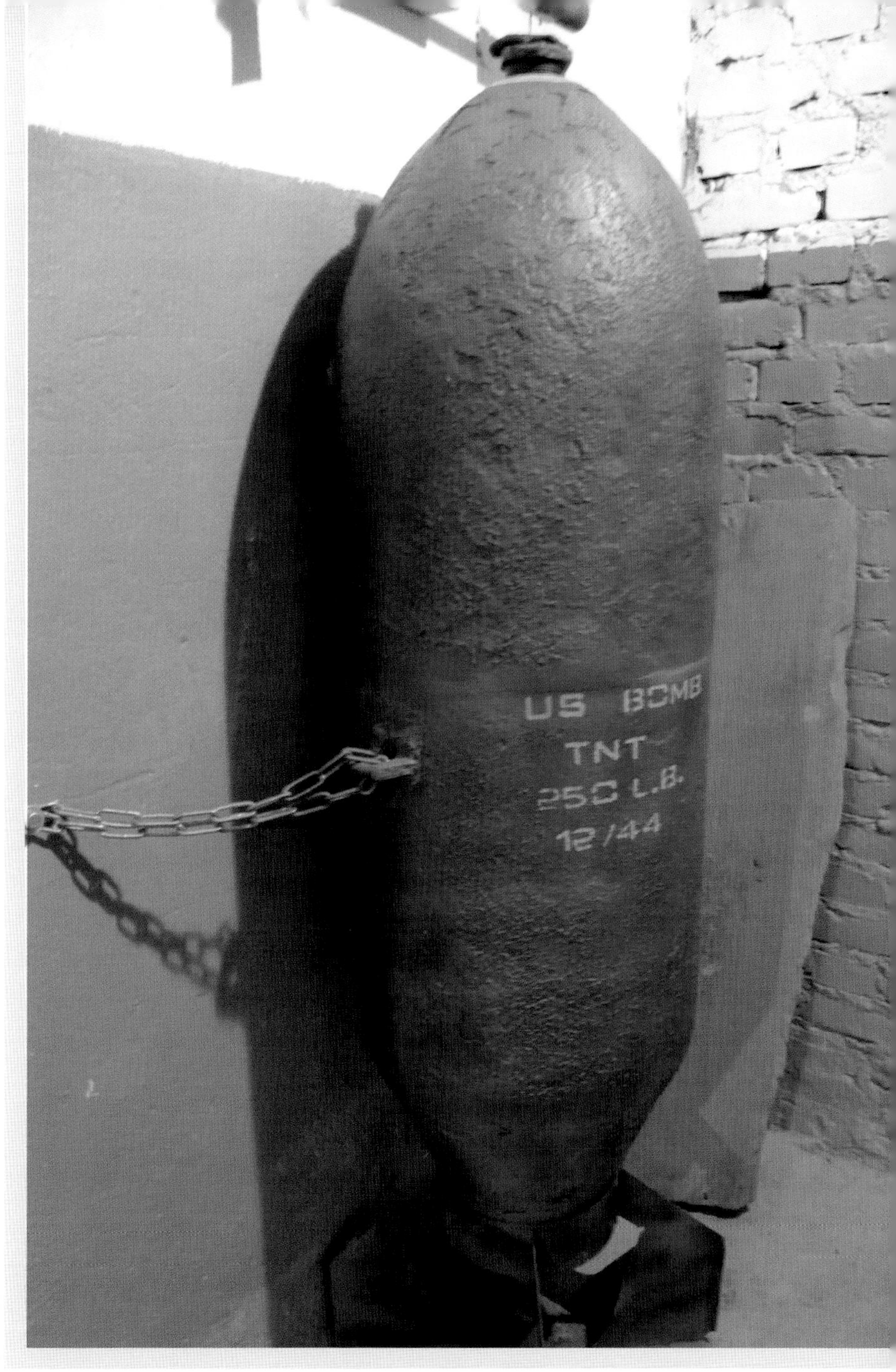

Modell der Bombe, die den Bunker traf

Worringer Bahnhof, Hofseite

In dieser Situation trat die Initiative „Zug um Zug e.V." auf den Plan, die es ich zur Aufgabe gemacht hat, arbeitssuchenden Jugendlichen beim Start in das Berufsleben zur Seite zu stehen. 1983 kaufte der Verein den Worringer Bahnhof für den symbolischen Preis von einer D-Mark. Planke für Planke wurde er auseinandergenommen, jedes einzelne Brett mit einer Nummer versehen, jeder Nagel registriert. Zwischen 1987 und 1991 wurde der Bahnhof dann an seinem heutigen Standort an der Kempener Straße 135 errichtet. Dieses gehörte zwar dem evangelischen Kirchenkreis Köln-Nord, dennoch war der Umzug des Worringer Bahnhofs eine der ersten ökumenischen Aktionen in Köln. Der „Zug um Zug e.V." konnte mit diesem Projekt gemäß seinen Richtlinien nicht nur einen wichtigen Beitrag zur Behebung der Jugendarbeitslosigkeit leisten, sondern auch ein wertvolles Kulturgut erhalten. Noch heute hat er seinen Sitz an dieser Adresse, wo er Programme zur Arbeits- und Gesundheitsförderung anbietet und Jobbörsen unterhält. Mitnutzer des historischen Gebäudes sind die Vereine „Handwerkerinnen Köln e.V.", ein Lern- und Bildungshaus für Mädchen und jungen Frauen mit Interesse an handwerklichen Tätigkeiten, und der „Rat und Tat e.V.", der Hilfe für die Familien psychisch erkrankter Menschen anbietet.

Der ehemalige Worringer Bahnhof hat heute keinen Gleisanschluss mehr, aber vor etwas mehr als einhundert Jahren sind an seinem jetzigen Standort tatsächlich noch die Züge der Rheinischen Eisenbahngesellschaft vorbeigedampft. Die Kempener Straße, die das schachbrettartige Verkehrsnetz von Nippes schnurgerade mit einer diagonalen Linie durchschneidet, war einmal die Bahntrasse, die zum Bahnhof am Thürmchenswall führte. Nach der Aufgabe des Bahnverkehrs wurde die Trasse zurückgebaut, begrünt und durch zwei Fahrbahnen für den Autoverkehr ergänzt. Und Nippes bekam einen Prachtboulevard, der der Ringstraße um die Kölner Innenstadt zur Ehre gereicht hätte, aber für einen Industrievorort vielleicht etwas üppig ausgefallen ist.

Fast drei Jahrzehnte lag das historische Häuser-Ensemble versteckt hinter einer vier Meter hohen Mauer, die einmal als Begrenzung des Reichsbahnausbesserungswerkes gedient hatte. Viele Nippeser kennen sie noch als gigantisches Kunstwerk, das im Juni 2010 von 35 Graffiti-Künstlern aus fünf Nationen auf die triste Wand gesprüht wurde. Jahrelang grüßten die blau-orangenen Monster die Passanten und die Patienten des St.-Vinzenz-Hospitals auf der anderen Straßenseite. Wegen Baufälligkeit wurde sie im Sommer 2019 bis auf eine Höhe von vielleicht einem Meter abgerissen. Nur einige Reste des gesprühten Kunstwerks lassen die frühere Farbenpracht erahnen. Der von Bäumen umstandene alte Worringer Bahnhof ist jetzt aber schon von der Kempener Straße aus sichtbar und hat nun alle Chancen, nach seinem Schattensein in den Fokus der Betrachter zu rücken.

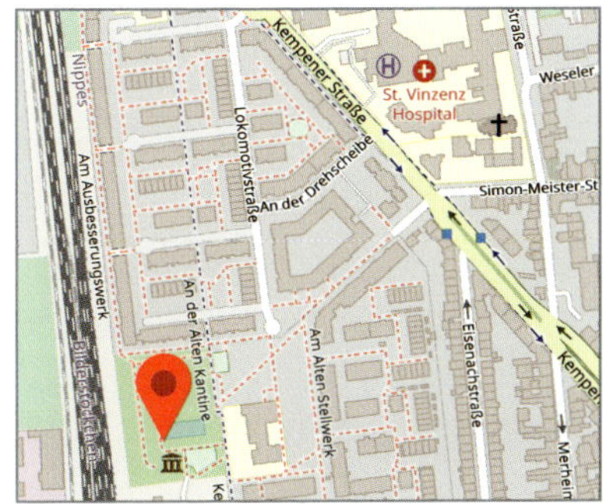

Der Bunker liegt neben der Kita Lummerland
Lokomotivstraße 162
50733 Köln
Ehemaliger Worringer Bahnhof:
Kempener Straße 135
50733 Köln

24 | MARSDORF
BÄUME UNTER DER LUPE

Seit 1989 wird jedes Jahr im Oktober der „Baum des Jahres" gekürt. 2019 war das die Flatterulme, 2020 die Robinie. Die meisten von uns haben vermutlich keine Idee, wie die Rinde, die Blüten oder die Blätter dieser Gehölze aussehen, wenn Sie aber Interesse daran haben, diese Lücke in Ihrem botanischen Wissen zu schließen, können Sie das in Köln-Marsdorf im Westen der Domstadt tun.

Im Jahr 2010 wurde hier eine Versuchsfläche von etwa 25 Hektar Größe angelegt, auf der die Stadt Köln zusammen mit zwei interessanten Partnern aus der Industrie erforscht, welche Bäume für den Wald der Zukunft in Frage kommen, wie sie sinnvoll miteinander kombiniert und wie sie bewirtschaftet werden können. Das Projekt mit dem Namen „Waldlabor Köln" entstand im Rahmen der „Regionale 2010", einem Strukturförderungsprogramm des Landes NRW. Es liegt an einem Radweg mit dem Namen „Bachemer Landstraße", der zum etwa einen Kilometer entfernten „Haus am See" (Decksteiner Weiher) führt. Dort gibt es auch die nächste Parkmöglichkeit für alle Interessenten, die mit dem Auto hinfahren wollen. Problemlos und wünschenswert ist die Anfahrt mit öffentlichen Verkehrsmitteln. **Nehmen Sie dazu die Straßenbahn, KVB-Linie 7, Haltestelle „Stüttgenhof".**

Um es gleich vorweg zu sagen: Ruhesuchende sind im Waldlabor fehl am Platze. Es grenzt nämlich unmittelbar an die Autobahn A4, der Geräuschpegel des ständig fließenden Verkehrsstroms ist allgegenwärtig. Es liegt im äußeren Grüngürtel der Millionenstadt, der von Kölnern als Naherholungsgebiet geschätzt und genutzt wird. Auch der breite Hauptweg, der in seinem Verlauf

Wegweiser zum Waldlabor, wo im „Wandelwald“ der Birkenhain (unten) angelegt wurde

Stelen mit Spendernamen im Wandelwald

die verschiedenen Bereiche des Waldlabors anschneidet, wird gern von Läufern, Radfahrern und Spaziergängern frequentiert.

Von der Haltestelle „Stüttgenhof" kommend laufen sie direkt auf eine große Infotafel zu. Hier erfahren Sie, dass Sie im Verlauf des Weges auf vier verschiedene Versuchsanordnungen treffen, die unterschiedlichen Forschungszwecken dienen.

Am Beginn der Runde steht der **„Wandelwald"**, der in erster Linie nicht aus wirtschaftlichen, sondern vor allem aus ästhetischen Gründen angelegt wurde. Eine sorgfältig ausgesuchte Kombination von so unterschiedlichen Bäumen wie Douglasien, Feldahorn, Vogelkirschen und Eiben soll sicherstellen, dass der Wald zu jeder Jahreszeit ein attraktives Erscheinungsbild bietet. Im Wandelwald sind hölzerne Stelen aufgestellt, die mit Namensschildern versehen sind. Auf ihnen sind die Namen von Privatpersonen und Firmen vermerkt, die über die Aktion „Ein Wald für Köln" zur Finanzierung dieses Bereichs beigetragen haben.

Im weiteren Verlauf des Weges treffen wir abwechselnd auf den **„Klimawald"** und den **„Energiewald"**. Die beiden Bereiche sind durch die Anordnung der Bäume gut zu unterscheiden.

Im Klimawald werden in 50 x 50 m großen „Einart-Hainen" sechs verschiedene Baumarten auf ihre Eignung für den Einsatz in einem zukünftigen Stadtwald geprüft. Der Klimawandel macht es notwendig, auf Arten zurückzugreifen, die mit extrem trockenen Sommern und hohen Niederschlagsmengen in der kalten Jahreszeit zurechtkommen. Zurzeit stehen die Walnuss, die Flaumeiche, die Mehlbeere, die Elsbeere, der Blauglockenbaum und die Küstentanne auf dem Prüfstand. Allen Arten ist gemeinsam, dass sie einen geringen Wasserbedarf haben. Sponsor des Klimawaldes ist der japanische Autohersteller Toyota, der auf der anderen Seite der Autobahn A4 in Sichtweite des Waldlabors seit 1979 einen Hochtechnologiepark betreibt. Früher wurden hier die Formel-1-Autos und die Einsatzfahrzeuge für die Rallyeweltmeisterschaft gebaut, heute sind es die Le-Mans-Boliden und Rennwagen für den privaten Kundensport. Außerdem ist der Standort Marsdorf ein wichtiges Entwicklungszentrum für den weltweit operierenden Konzern.

Der Begriff „Energiewald" ist selbsterklärend: Natürlich geht es darum, wie der Wald beziehungsweise das aus ihm gewonnene Holz als Alternative zu fossilen Brennstoffen genutzt werden kann. Positiver Nebeneffekt: Zum Wachsen verbrauchen die Bäume Kohlendioxid (CO2), welches erst beim Ver-

Wildniswald: Hier hat die Natur das Sagen.

Junge Blätter eines Walnussbaums

brennen wieder frei wird. 70.000 t CO2 können jährlich im Vergleich zu Heizöl allein durch den Energiewald eingespart werden. Naturgemäß werden in diesem Teil des Waldlabors Bäume unter die Lupe genommen, die besonders schnell wachsen und rasch einer energetischen Nutzung zugeführt werden können. Dieser Teil des Waldlabors ist deshalb als „Kurzumtriebsplantage" angelegt, in dem schon nach zwei bis fünf Jahren „geerntet" werden kann. Hier treffen wir die eingangs erwähnte Flatterulme und die Robinie an; dazu stehen noch zwei Pappelarten, die Korbweide sowie die Esskastanie und der Blauglockenbaum auf dem Prüfstand. Sponsor ist hier passenderweise der Energieversorger Rheinenergie.

Wild geht es im vierten Bereich des Waldlabors zu, im wahrsten Sinne des Wortes. Denn nach der Einstellung der Landwirtschaft auf dieser Fläche im Jahr 2012 siedelten sich hier die üblichen Pioniergehölze wie Weiden und Birken an. 2015 wurden zur Ergänzung einige Buchen dazugesetzt, seitdem ist der südlichste Teil des Waldlabors sich selbst überlassen. Mit Spannung beobachten die Forscher seither, welche Pflanzen sich hier ansiedeln, welche sich durchsetzen und welchen den Anforderungen in diesem Biotop nicht gewachsen sind.

Auf der Webseite des Waldlabors (www.waldlabor-koeln.de) werden hin und wieder einstündige Führungen angeboten, aber auch die vielen aufgestellten Infotafeln ermöglichen es jedem Besucher, sich ausführlich über das Projekt und die angepflanzten Bäume zu informieren. Das Waldlabor ist frei zugänglich und ganzjährig geöffnet.

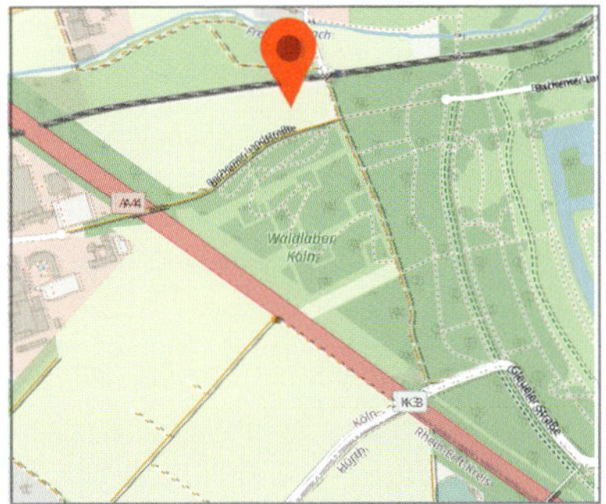

Waldlabor Köln
Bachemer Landstraße
50858 Köln

25 | RODENKIRCHEN
DAS GRÜNE PARADIES FÜR KINDER

Wenn es nach dem „7. Jugendreport Natur 2016" geht, dann ist das, was in Flora und Fauna abgeht, für den Nachwuchs heute nur noch Nebensache. Entsprechend fallen die Ergebnisse dieser Studie aus. So wissen gerade mal 35% der befragten Sechst- und Neuntklässler, dass die Sonne im Osten aufgeht.

Defizite bestehen auch, wenn es um die Rolle der Landwirtschaft und die Herkunft der täglichen Nahrung geht. Auf die Frage nach drei Getreidesorten, die bei uns wachsen, war die häufigste falsche Antwort „Vollkorn". Und bei den Erwachsenen ist die Situation ähnlich: Viele sehen im Wald ein Biotop, in dem gelaufen, geradelt und gewandert werden kann. Wichtig ist es, navigesteuert „Strecke" zu machen; was links und rechts am Wegrand liegt oder im Gebüsch singt, ist uninteressant. Und seien Sie mal ehrlich: **Würden Sie noch Amsel, Drossel, Fink und Star am Gesang erkennen, könnten Sie Waldmeister, Bärlauch oder Wilde Möhre bestimmen?** Dabei kann die Beschäftigung mit der Natur unglaublich viel Spaß machen, vor allem, wenn sie so vielfältig dargeboten wird wie in einem etwa fünf Hektar großen Biotop in Köln-Rodenkirchen. „Finkens Garten" ist ein Naturerlebnisgarten, der sich auf die Fahne geschrieben hat, vor allem Kinder im Vorschulalter die Möglichkeit zu geben, ihre Umwelt zu beobachten und mit allen Sinnen zu erleben. Gleichwohl können hier Erwachsene noch etwas lernen, und selbst Romantiker kommen auf ihre Kosten.

Namensgeber der „grünen Paradieses für Kinder" ist Ernst Finken, der um 1900 ein in ganz Deutschland bekannter Landschaftsarchitekt war. Die Stadtgärten in Bochum, Bad Kreuznach und anderen Städten sind nach seinen Plänen

Willkommen im „Grünen Paradies"!

entstanden. 1887 gewann er den Wettbewerb zur Gestaltung des Volksgartens in Köln, von 1891 bis 1896 leitete er als Gartenbaudirektor die Flora, den Botanischen Garten der Stadt Köln. Im Jahr 1904 gründete er in Rodenkirchen eine Baumschule, die bald weit über die Grenzen Kölns hinaus bekannt war. Ernst Finken wurden sogar höchste Ehren in Züchterkreisen zuteil: Eine Sorte der Japanischen Zierquitte „Chaenomeles x superba" trägt noch heute seinen Namen.

Bis Anfang der 1970er Jahre wurde der Betrieb von Finkens Tochter Hilde weitergeführt, dem „Fräulein Finken", das großen Wert auf diese Anrede legte. Wolfgang Krause, langjähriger Mitarbeiter im Amt für Landschaftspflege und Grünflächen der Stadt Köln und heute im Ruhestand, hat in den 1960er Jahren in der Baumschule Finken das damals übliche „Gehilfenjahr" zwischen Ausbildung und Studium absolviert. Er beschreibt seine ehemalige Chefin als strenge, aber sehr menschliche Führungspersönlichkeit. Bei der jährlichen Weihnachtsfeier bekam jeder Mitarbeiter ein kleines Geschenk von ihr. Auch wenn es um Sonderregelungen wie Arbeitszeiten an Samstagen ging, ließ sie schon einmal Fünfe gerade sein. Nur mit dem Brauchtum im Rheinland hatte sie nichts am Hut. Fest verwurzelt in ihrem Glauben beschied sie ihren Mitarbeitern: „Wir sind Protestanten, wir feiern keinen Karneval!" Da war an Weiberfastnacht nur ein kleines Bier in der Mittagspause möglich ...

1973 beschloss Hilde Finken, sich aus dem Geschäft zurückzuziehen. Da sie keinen Nachfolger hatte, verkaufte sie den Betrieb mit allen Ländereien an die Stadt Rodenkirchen, die zu diesem Zeitpunkt noch eigenständig war. Den Erlös von 1 Million D-Mark vertraute sie der alteingesessenen Herstatt-Bank in Köln an. Das sollte sich in der Nachsicht als schwerer Fehler erweisen, da die „Gold-Jungs" um den Devisenhändler Dany Dattel mit krimineller Energie nicht nur Fräulein Finkens Geld, sondern auch die Millionen vieler anderer Anleger auf Nimmerwiedersehen versenkten. Ungeachtet der bis dahin größten Bank-Pleite der deutschen Nachkriegsgeschichte war Hilde Finken noch so vermögend, dass sie ihren Lebensabend in einem Haus in Norddeutschland verbringen konnte.

Mit der Eingemeindung von Rodenkirchen am 1.1.1975 ging Finkens Garten an die Stadt Köln und fiel von da an in die Zuständigkeit des Amtes für Landschaftspflege und Grünflächen. Dort war Bernd Kittlass in leitender Funktion tätig, und er war es, der den Grundstein zu dem heutigen Naturerlebnisgarten legte. Als hervorragender Netzwerker verstand er es immer wieder, die richtigen Partner für sein gärtnerisches „Lieblingskind" ins Boot zu bekommen. Er hat nicht nur in Finkens Garten gewohnt, sondern ihn auch im Ruhestand noch meh-

Kunst am Zaun

Im Bauerngarten

rere Jahre ehrenamtlich geleitet, bis 2012 die Diplom-Biologin Rebecca Lay seine Nachfolge antrat.

Das pädagogische Konzept von Finkens Garten ist heute in besonderem Maße auf Kinder im Vorschulalter abgestimmt. Bei den Führungen werden die Kinder angeleitet, die Natur mit allen Sinnen selbst zu erfahren. Frühkindliche Umweltbildung durch Fühlen, Schmecken, Riechen und Tasten – nach diesem Prinzip entdecken und beobachten die Kinder die Natur aus eigener Erfahrung. Dazu laden in Finkens Garten verschiedenste Biotope ein. So gibt es gleich beim Betreten auf der rechten Seite ein Wildblumenwiese mit meterhohem Gras, in die ein Weg hineingeschnitten wird. Für ein Kindergartenkind ist das wie ein Dschungel, in dem es auf Augenhöhe mit den Blüten ist. Auf der linken Seite beim Eingang zeigt eine Streuobstwiese mit altem Baumbestand, wie ein Garten in früheren Zeiten ausgesehen hat. Hier können die Kinder nicht nur sehen, wie Äpfel und andere Früchte wachsen und dass sie nicht immer glatt und rund sind wie die „Normfrüchte" aus dem Supermarkt. Zur Erntezeit darf das Obst auch pflückfrisch von den Bäumen verkostet werden.

Exotisch wird es am Rande des Tastgartens. Dort ragen meterhohe Bambusstangen in den Himmel – Urwaldfeeling in Rodenkirchen. Die Kinder können sehen, dass die Pflanze eigentlich grün ist und sich ein bisschen wie Plastik anfühlt. Die verholzten Gräser werden Sie übrigens auch im Nutzgarten wiederfinden, denn dort dienen sie als Kletterhilfe für die Bohnen.

Eines der Highlights in Finkens Garten ist der Nasengarten, in dem Pflanzen „erschnuppert" werden können. Absoluter Star dieser Abteilung ist eine Strohblumenart, die einen penetranten Geruch verbreitet, wenn man leicht an ihren Blättern reibt. Weil dieser stark an die Ausdünstungen eines Geißbocks erinnert, wurde die Pflanze vor einigen Jahren in Anwesenheit des FC-Köln-Maskottchens auf den Namen „Hennes" getauft. Angenehmer nimmt sich dagegen die Gold-Braunwurz aus. Ihr Geruch erinnert sehr intensiv an ein Gebäck, das wir alle vom Frühstückstisch kennen und ihr den Spitznamen „Mohnbrötchen" eingehandelt hat. Unter dieser Bezeichnung ist die Gold-Braunwurz sogar im Fachhandel erhältlich.

Zu den besonderen Biotopen in Finkens Garten gehören vier Teiche, die vor vielen Jahren in Kooperation mit Schülern einer Gesamtschule aus Köln-Zollstock entstanden sind. Mittlerweile hat die Natur diese Biotope für sich erobert; heute bieten sie ein Zuhause für Insekten und Amphibien wie den seltenen Kammmolch.

Ehemaliges Packhaus

Ein aktuelles Projekt des Finkens-Garten-Teams ist eine versteckte Lichtung am Ende des Barfußpfades. Dort wurden verschiedene Wiesenblumenmischungen ausgebracht, um sie auf ihre Eignung für die Anlage von Wildwiesen zu untersuchen. Schon jetzt scheinen sich aber dort zahlreiche Insekten wie die Schwarze Erdhummel wohl zu fühlen, die wegen ihrer auffälligen Färbung auch „Borussia-Hummel" genannt wird.

Da der Eintritt in Finkens Garten frei ist, müssen die Kosten anderweitig gedeckt werden. Der Hauptkostenträger ist der „Verein der Freunde und Förderer des Naturerlebnisgartens e.V.", dessen selbst gestellte Aufgabe das Sammeln von finanziellen Mitteln von Spendern, Sponsoren und Zuschüssen ist. Mittlerweile wird die Stelle der Gartenleitung und einer weiteren Mitarbeiterin auf diese Weise finanziert. Einer der langjährigen Sponsoren ist der Lions Club Köln-Hanse.

Die Gebäude, die Sie heute noch auf dem Gelände von Finkens Garten sehen, stammen noch vom Gründer. Das ehemalige Wohnhaus dient der Gartenleitung als Bürogebäude. Durch einen schönen Bogen ist es mit einem Nebengebäude verbunden, in dem früher die Gehilfen gewohnt habe. Hier unterhält der Naturschutzbund Deutschland den Kölner Zweig der Station Leverkusen-Köln, von hier aus betreuen vier Mitarbeiter in Zusammenarbeit mit der Unteren Naturschutzbehörde verschiedene Projekte auf Kölner Stadtgebiet.

Im ehemaligen Packhaus, in dem die Pflanzen versandfertig gemacht und auf die Reise in Deutschlands Gärten gebracht wurden, bildet das Kolping-Bildungswerk das öko-soziale Standbein des Gartens. In dieser Einrichtung werden lernbehinderte Jugendliche und langzeitarbeitlose Erwachsene auf den ersten Arbeitsmarkt vorbereitet. Mit ihren Tätigkeiten tragen sie ebenso wie etwa 30 ehrenamtliche Mitarbeiter zum Erhalt und zur Pflege von Finkens Garten bei.

Mit an Bord ist auch der „Kölner Imkerverein von 1882 e.V.“. Im Bienenhaus am Rande einer kleinen Wildwiese ist eine so genannte „Schaubeute“ aufgebaut. Hier können kleine und große Besucher durch eine Glasscheibe direkt in den Bienenstock blicken und sehen, wo Pollen und Nektar landen, die von den fleißigen Tierchen in der näheren Umgebung eingesammelt wurden. Obwohl für Kinder konzipiert, ist die kleine grüne Oase in Rodenkirchen durchaus auch für Erwachsene zu empfehlen. Die zahlreichen Infotafeln bieten eine gute Orientierung und ermöglichen es den Besuchern, den Garten auf eigene Faust zu erkunden.

Ach ja: Für die Romantiker sind an vielen Stellen Tafeln mit Texten aufgestellt, die zeigen, wie Dichter und Schriftsteller an das Thema „Natur“ herangegangen sind. Und in dem wunderschönen Bauerngarten mit seinen von kleinen Buchsbaumhecken gesäumten Beeten beim Gehilfenhaus können Sie sich noch ein paar Minuten von der anstrengenden Entdeckungstour ausruhen.

Auffallend ist der Lärm, der von der Straße „Zum Forstbotanischen Garten“ und der benachbarten Autobahn A4 bis in Finkens Garten dringt, je nach Windrichtung, mal lauter, mal leiser. Das sei, so sagt Rebecca Lay, eine Beobachtung, die nur Erwachsene machen. Die Kinder haben sich darüber noch nie beschwert …

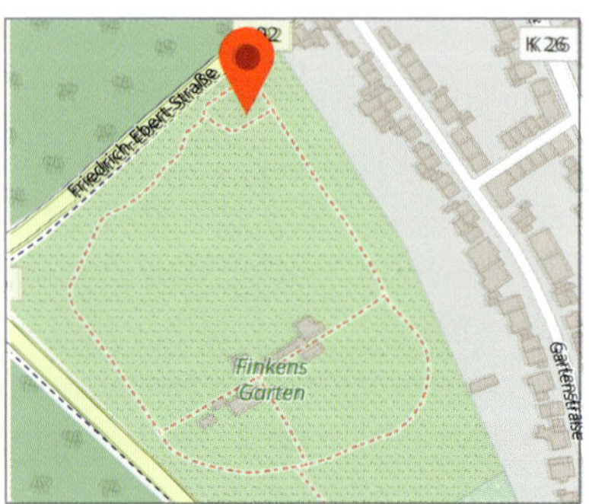

Finkens Garten
Friedrich-Ebert-Straße 49
50996 Köln

26 | WEIDEN
PRUNK UNTER TAGE

Tausende von Autos rauschen jeden Tag an diesen beiden Gebäuden vorbei, doch kaum jemand nimmt auf der Fahrt über die Aachener Straße in Richtung Stadtgrenze Notiz von ihnen. Während das Grabmal des Lucius Poblicius im Römisch-Germanischen Museum in den 1960er Jahren international für Furore sorgte, führt das Römergrab in Köln-Weiden am Rand von Köln ein Schattendasein. Zu Unrecht, zählt doch dieses „Hypogaeum", ein unterirdischer Grabbau, zu den am besten erhaltenen seiner Art nördlich der Alpen.

Habe ich Ihre Neugier geweckt? Dann schlage ich vor, dass Sie aus Umweltgründen und wegen knapper Parkplätze mit der Stadtbahn-Linie 1 dorthin fahren. Sie passieren auf dem Weg nach Westen den Melaten-Friedhof, dann das Rhein-Energie-Stadion und fahren schließlich noch ein Stückchen weiter bis zu der Haltestelle „Weiden-Römergrab". Von hier aus gehen Sie noch etwa 400 Meter stadtauswärts und sind bei Hausnummer 1328 am Ziel Ihrer kleinen Stadtexkursion. Dank der Arbeit des rührigen „Förderverein Römergrab e.V." kann die Anlage an drei Tagen in der Woche besichtigt werden (siehe Infobox). Die Grabkammer von Weiden war Mitte des 2. Jahrhunderts für die verstorbenen Angehörigen einer vermögenden Familie angelegt worden. Sie gehörte vermutlich zu einem Gutshof, einer „villa rustica", die analog zu anderen Besiedlungen in der Nähe gelegen haben muss, deren genauer Standort aber bis heute nicht ausgemacht werden konnte. Gemäß römischem Gesetz mussten die Toten außerhalb von Städten und Siedlungen beerdigt werden. Dies geschah auf Gräberfeldern und gern auch entlang von stark frequentierten Aus-

Leicht zu übersehen: das Wärterhaus und der Eingang zum Römergrab

fallstraßen. Der Grund: Von den oft sehr aufwendigen Gräbern und deren Inschriften nahmen die vorbeiziehenden Reisenden Notiz, die Verstorbenen gerieten so nicht in Vergessenheit. Und die Aachener Straße war schon zu römischer Zeit der Anfang einer viel genutzten Straße, die von der römischen Colonia über eine Länge von etwa 400 Kilometern bis an die Kanalküste in Nordfrankreich führte.

Gefunden wurde die Grabkammer im April 1843 per Zufall, als der Landwirt und Fuhrmann Ferdinand Sieger bei Ausschachtungsarbeiten zur Erweiterung seines landwirtschaftlichen Betriebes auf die eingestürzte Grabkammer stieß. Ein Jahr später erwarb der preußische Staat auf einer Auktion die Grabkammer und das entsprechende Grundstück mit der Absicht, den Fundort zu sichern und wiederherzustellen.

Niemand Geringerer als Ernst Friedrich Zwirner, der zu dieser Zeit als Dombaumeister für den Weiterbau des Kölner Doms zuständig war, übernahm auch diesen Auftrag. Er errichtete über der Grabstelle einen Schutzbau und zusätzlich ein „Wärterhaus" für einen „Chaussee-Aufseher" und dessen Familie, denn es war von Anfang an geplant, diesen herausragenden Fund der Öffentlichkeit zugänglich zu machen.

Beide Gebäude sind bis heute an der Aachener Straße erhalten. **Das größere „Wärterhaus" dient seit Juni 2019 als Info-Zentrum, in dem das Leben und Sterben der Römer am Rhein dokumentiert wird.** Mit der Auswahl der didaktischen Mittel befinden sich dabei die Macher des „Römergrab Weiden" auf der Höhe der Zeit. An Hörstationen können die Besucher zum Beispiel ein Gespräch zwischen dem römischen Bestatter C. Caldinius Libitinarius und der trauernden Witwe Valeria Vidua (gesprochen von dem Kabarettisten Jürgen Becker und der Schauspielerin Mariele Millowitsch) belauschen, für sehbehinderte Besucher steht ein aufwendig in einem 3D-Drucker hergestelltes Tastmodell zur Verfügung. Die Grabkammer ist nicht barrierefrei, dennoch ist das Erlebnis einer Exkursion in die Weidener Unterwelt auch für Besucher mit Bewegungseinschränkungen möglich: Für sie stehen Virtual-Reality-Brillen zu Verfügung.

In der Grabkammer selbst suchen Besucher jedoch vergeblich nach Hinweistafeln oder Vitrinen mit Ausstellungsstücken. Auf diese Weise entsteht der Eindruck einer unberührten Grabstätte. Für die Hintergrundinformationen sorgen die Mitarbeiter des „Fördervereins Römergrab Weiden", die als Guides die obligatorischen Exkursionen begleiten. Die Teilnahme an den Veranstaltungen ist nur nach vorheriger Anmeldung möglich.

Los geht es an der Holztür des kleineren Gebäudes, über der in roten Großbuchstaben und alter Schreibweise das Wort „ROEMERGRAB" den Zugang zu dem Schutzbau markiert. Von außen lässt sich die Pracht, die den Besucher in der unterirdischen Grabkammer erwartet, nicht einmal ansatzweise erahnen. Über eine Treppe aus Tuffsteinblöcken führt der Weg hinunter zur Sohle, die 5,90 Meter unter dem heutigen Straßenniveau liegt. Die Geräusche der Autos auf der Aachener Straße sind hier unten nicht mehr zu hören. Der 4,50 x 3,60 Meter große Raum ist wie ein römisches Speisezimmer eingerichtet. Essen und Trinken hatten bei den Römern eine so große Bedeutung, dass sie glaubten, dass die Toten im Jenseits die gleichen Bedürfnisse hätten. Entsprechend wurde für sie vorgesorgt: Essgeschirr, Gläser und andere Dinge des täglichen Lebens gehörten wie selbstverständlich zu den Grabbeigaben, und im Römergrab in Weiden sind zudem Ruheliegen und Sessel aus Kalkstein zu sehen, die einem Korbgeflecht täuschend ähnlich sehen. Gemäß römischen Gepflogenheiten waren die „Klinen", wie die Liegen genannt wurden, den Männern vorbehalten, während die Sessel für die am Festmahl teilnehmenden Damen vorgesehen waren.

Darstellungen von Ess- und Trinkgelagen waren bei den Römern im Übrigen ein beliebtes Motiv für Grabsteine. Im Römisch-Germanischen Museum in Köln sind einige gut erhaltene Exemplare ausgestellt. Sie symbolisierten ein unbeschwertes Leben nach dem Tod, in dem es an nichts fehlte, in dem es

Öffnungszeiten „Römergrab Weiden"

Donnerstag 10-13 Uhr
Samstag 10-13 Uhr
Sonntag 14-17 Uhr
Der Besuch der Grabkammer ist nur im Rahmen von Führungen nach vorheriger Anmeldung möglich.
Nähere Infos unter
www.roemergrab.de

Sechs Meter unter der Erde: der Sarkophag

Personifikation des Winters

Die Büsten der unbekannten Frauen

allen gut ging. Vermutlich wurde die Grabkammer in Weiden schon von antiken Grabräubern geplündert, erhalten sind jedoch drei Büsten, die auch heute noch auf den Klinen aufgestellt sind. Beim Betreten blicken dem Besucher auf der linken Seite zwei Frauenbüsten aus Marmor entgegen, die hintere bekleidet mit einer in kunstvolle Falten gelegten Palla, die vordere mit einem lässig verrutschten Chiton. Ihnen gegenüber ist das steinerne Abbild eines Mannes aufgestellt. Leider ist nicht namentlich bekannt, wer hier dargestellt ist, vermutlich handelt es sich zumindest bei der Pallas-Trägerin und dem Mann um Personen, die tatsächlich hier bestattet waren. Mode und Haartracht ermöglichen eine Datierung der Büsten auf Ende des 2./Anfang des 3. Jahrhunderts. Das Berühren der frei zugänglichen Kunstwerke ist gemäß der Regel: „Nur gucken, nicht anfassen!" natürlich nicht erwünscht.

Der absolute Blickfang im Untergeschoss ist jedoch ein tonnenschwerer Reliefsarkophag aus Carrara-Marmor. Er wurde um 300 n. Chr. vermutlich in einer Werkstatt in der Nähe von Rom gefertigt und dann mit einer unglaub- lichen logistischen Leistung in die Hauptstadt der Provinz Niedergermanien transportiert. Ursprünglich war er in einem oberhalb der Grabkammer vermuteten Tempel aufgestellt. Die Decke brach jedoch unter dem großen Gewicht des Sarkophags ein, und er zerbrach nach dem Aufprall in mehr als 30 Teile. Die Bruchstücke wurden jedoch schon im 19. Jahrhundert wieder zusammengesetzt, seitdem kann der steinerne Sarg wieder „am Stück" in der Weidener Grabkammer bewundert werden. Das Reliefprogramm des so genannten „Jahreszeitensarkophags" zeigt unter anderem detailreich gestaltete Putten sowie Körbe mit Blüten, Früchten und einem Entenpaar als Jagdbeute; sie repräsentieren den Frühling und den Winter. Im Zentrum der Darstellungen ist ein Medaillon mit Porträts angebracht, das von geflügelten Schutzgeistern, den persönlichen Schutzgeistern der Verstorbenen, in die Höhe gehalten wird. Weitere Einzelheiten laden zu einer näheren Betrachtung ein.

Die Grabkammer in Köln-Weiden ist eine wertvolle Ergänzung zum Römisch-Germanischen Museum und den unterirdischen römischen Sehenswürdigkeiten in der Kölner Innenstadt. Die Anfahrt ist etwas aufwendig, gleichwohl ist das Angebot an Informationen umfangreich und für alle Altersstufen gut verständlich aufbereitet, so dass der Aufwand sich lohnt. Und als unterirdischer Standort ist das „ROEMERGRAB" in Köln-Weiden natürlich ein guter Tipp für einen Ausflug, unabhängig vom Wetter.

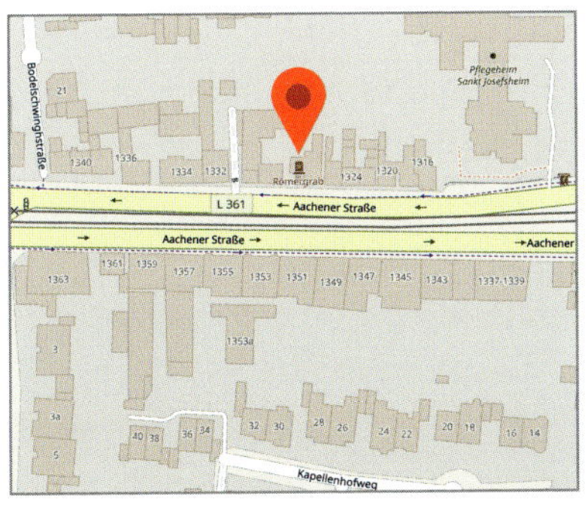

Römergrab Weiden
Aachener Straße 1328
50859 Köln

27 | OSSENDORF
EIN HANGAR VOLL FERRARIS

Beim Ortsnamen Ossendorf denken viele von Ihnen vermutlich an die JVA, die von vielen Kölnern immer noch gerne „Klingelpütz" genannt wird, in Erinnerung an die alte preußische Haftanstalt in der Innenstadt an der Straße „Klingelpütz". Butzweilerhof wiederum ist für viele Fans von Selbstbaumöbeln ein Begriff, zumindest seit ein schwedischer Gigant 2009 seine damals größte deutsche Filiale hier eröffnete. In der Geschichte Kölns und für den deutschen Flugverkehr hatten diese Stadtteile aber einmal eine besondere Bedeutung, denn hier entstand in den 1920er Jahren mit dem „Luftkreuz des Westens" einer der wichtigsten deutschen Flughäfen. Und heute können hier in einer Mischung aus Wohn- und Gewerbegebiet die Freunde edler Karossen und die Fans von Michael Schumacher und der „Scuderia Ferrari" auf ihre Kosten kommen. Das Ziel dieser Exkursion liegt an der Butzweilerstraße 35-39, nicht weit von der Abfahrt 29 „Bickendorf" der A 57.

Tatsächlich wurde hier draußen schon seit 1909 Luftfahrt betrieben, zunächst mit Zeppelinen, später mit Militärmaschinen. Ab 1926 wurde der Flughafen dann zivil genutzt. Die Passagierzahlen stiegen rapide; zeitweise war der Flughafen Köln-Butzweilerhof der zweitgrößte in Deutschland nach Berlin-Tempelhof.

Der gestiegene Bedarf machte eine Erweiterung des Kölner Airports notwendig, so dass in den Jahren 1935/36 unter nationalsozialistischer Planung mehrere neue Gebäude errichtet wurden. Bis heute ist das repräsentative Empfangsgebäude erhalten geblieben. Deutlich sind an ihm sowohl die Formensprache des

Vor-Ferrari-Ära: der 1992 Benetton B191B

Ferrari F 2003-GA-N227

Noch erhalten: der Reichsadler am ehemaligen Empfangsgebäude …

Bauhauses mit einer konsequent kubischen Gestaltung des Gebäudekörpers als auch NS-Elemente wie der übergroße Reichsadler am Portal der Eingangshalle zu erkennen.

Zu den Gesellschaften, die von hier aus operierten, gehörte die Deutsche Lufthansa mit ihrer Verbindung Paris-Köln-Berlin. Ihr Logo, der Kranich, ziert bis heute die Türen des Empfangsgebäudes.

Im Zweiten Weltkrieg wurde der Flughafen Butzweilerhof wieder militärisch genutzt, danach verlor er an Bedeutung, auch durch die Inbetriebnahme des Flughafens Köln-Bonn in der Wahner Heide 1957. Bis 1980 nutzten ihn die Sportflieger noch für ihre Zwecke (unter anderem für die Segelflug-WM 1960), danach wurde dieses Kapitel der Kölner Luftfahrtgeschichte für immer beendet.

Von den historischen Gebäuden, die zwischen 1995 und 2007 originalgetreu von der „Stiftung Butzweilerhof" mit einem Kostenaufwand von 1,7 Millionen Euro restauriert wurden, ist auch noch die Flugzeughalle 1 erhalten geblieben, zu erkennen an dem viergeschossigen Tower. **Hier und in den angrenzenden Gebäuden ist seit 2018 die „Motorworld Köln/Rheinland" zu Hause.** Diese versteht sich als Dienstleister für Oldtimer- und Sammlerfahrzeuge, das heißt hier gibt es entsprechende Werkstätten und Ausstellungsräume, in denen die automobilen Pretiosen (viele davon haben einen Wert im sechsstelligen Bereich) an-

... und der Lufthansa-Kranich als Tür-Dekor

Traumautos für große Geldbeutel

Schumis Helme

geboten werden. „Motorworld" unterhält mehrere Filialen in Deutschland; das Besondere an der Kölner Dependance aber ist, dass hier die „Private Collection" des 7-fachen Formel-1-Weltmeisters Michael Schumacher untergebracht wurde. Vom Kart über kleinere Formelfahrzeuge und Gruppe-C-Sportwagen ist so ziemlich alles ausgestellt, was der Champion in der Königsklasse gefahren hat: ein Jordan, mit dem er 1991 seinen Einstand gab, die Benettons, mit denen er die ersten Titel errang, und dann eine ganze von Ferraris in ihrem charakteristischen Rot. Zusätzlich kann der Fan aber auch Pokale, Overalls, Handschuhe, Einlasskarten und vieles mehr bestaunen. Es gibt kaum etwas, das Michael Schumacher nicht gesammelt hat.

In der großen Halle können in der unteren Etage die ausgestellten Oldtimer begutachtet oder auch käuflich erworben werden, vorausgesetzt die Kreditkarte des Besuchers lässt das zu. In einigen Glasboxen (!) werden privat eingestellte Fahrzeuge aufbewahrt, die ebenfalls bestaunt werden können. Über Treppen und Rollstühle erreicht der Besucher die obere Bühne mit der „Michael Schumacher Private Collection" und einem Fanshop. In Cafés und Restaurants wird für das leibliche Wohl gesorgt.

Der Clou kommt zum Schluss: Der Eintritt in die „Motorworld Köln/Rheinland" ist frei, also ein kleiner Geheimtipp, auch für regnerische Tage. Übrigens: Auch das Außengelände ist sehenswert, genauso wie eine Stippvisite im angeschlossenen „V8-Hotel"; dort sind ebenfalls noch eine ganze Reihe von interessanten Fahrzeugen ausgestellt.

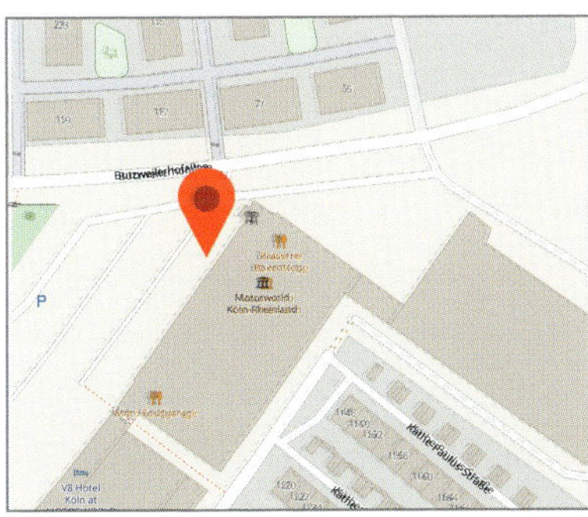

Motorworld Köln-Rheinland
Butzweiler Straße 35-39
50829 Köln

EIN WORT DES DANKES

Das Buch, das Sie in Händen halten, ist das erste, das aus meiner Feder bzw. meinem Computer stammt. Ich bin unfassbar stolz, dass dieses Projekt gelungen ist und dankbar für die Unterstützung, die mir von vielen Menschen in der Zeit seiner Umsetzung entgegengebracht wurde. Sie haben mich mit ihren Ideen inspiriert und meine Motivation gefördert, wenn es eines Anstoßes bedurfte.

Zu besonderem Dank bin ich Ina Volpp verpflichtet. Sie hat das Projekt von Anfang an begleitet, wertvolle inhaltliche Hinweise gegeben und mit ihrer Sachkenntnis verhindert, dass manche Unrichtigkeit das Licht der medialen Welt erblickt. Als Lektorin hat sie einen Blick auf die Orthografie und die Satzstellung meiner Arbeit gehabt.

Ein weiterer Dank geht an Rebecca Lay, von „Finkens Garten" und Wolfgang Krause, Prof. Dr. Heinz Günther Horn und Dr. Ansgar Nabbefeld vom „Römergrab Köln Weiden", Dr. Iris Günthner, Dr. Georg Dietlein und Karl Boos vom „St. Maria Magdalenen Verein Köln", Andrea Baten vom „Diözesanzentrum St. Georg für Menschen mit und ohne Hörbehinderung", Peter Skibbe und Uwe Zinnow von der „Arbeitsgemeinschaft Festung Köln", an die „Domimkerin" Laura Necka und an die Dombauhütte des Metropolitankapitels der Hohen Domkirche Köln. Sie haben mich durch Gespräche und Unterlagen unterstützt oder mir vor Ort Einblick in ihre spannenden Welten verschafft.

Der Fotografin Michaela Rödiger danke ich herzlich für das Einbandfoto.

Dank zu guter Letzt an den Klartext Verlag, der mir als Neuling die Chance gegeben hat, dieses Buch zu realisieren.